世界から読み解く食の安全

インターナショナル
フードアセスメントとは？

矢嶋 信浩 著

化学同人

はじめに

　2003年、内閣府食品安全委員会(FSC)は牛海綿状脳症(BSE)を発端に創設されました(2003)。現在、BSEはほぼ収まり、食の安全性を取り巻く環境も様変わりしました。生きるために食はかかせませんが、昨今は飽食を謳歌する風潮があり、さらに消費者の健康でありたいという思いに付け込む、いわゆる「健康食品」が市場に氾濫しています。

　通常、食の機能性と安全性の2つが両輪となり、食料需要を支えています。しかし、機能性(栄養)の一面において無法状態になれば、両輪のバランスが乱れ、安全性にも支障が生じます。この様な観点から、食の秩序を守るために国際組織や各国の政府機関が行っている食の科学的評価に基づく政策や施策を知り、それらを比較検証することは非常に大切であると考えました。このことが、本書の執筆動機です。

　本書は、食品の安全性と健康への貢献を教育・研究の対象とする学科の学部3年生向け講義「インターナショナルフードアセスメント」の内容を、食品企業への就職を目指す学生・院生や食品産業界で働く方がたばかりではなく、一般社会人にまで対象を広げています。全12章を通して、各国際機関や組織、制度が果たす、食の安全・安心および健康への寄与を理解できるように試みました。各章の最初のページでは、テーマを簡潔に説明し、引用元である国際機関のQRコードを付しました。本文中の個々の課題については、より深く内容を理解したい読者のために、引用文献としてホームページ(HP)のアドレスを掲載しています。

　地産地消に関心が集まる昨今ですが、私たちの食卓は食品貿易の上に成り立っていると言っても過言ではありません。多くの資料は信頼できる公的機関のホームページ、すなわち、国連世界食糧計画(WFP)、国連食糧農業機関(FAO)、世界保健機関(WHO)、コーデックス委員会(CAC)、欧州食品安全機関(EFSA)、米国食品医薬品局(FDA)、東南アジア諸国連合

はじめに

（ASEAN）、FSC 等から背景や経緯、目的を引用しました。さらに、可能な限り、実証研究などのエビデンスを紹介し、各施策に対する科学的根拠を説明しました。本書の終盤では、食にまつわる文化や伝統についても紹介します。

　食品企業で 30 年余り過ごした著者の経験から、食品の安全性や健康貢献についてグローバル視点に立つことで、役に立つと思われる課題を設定しました。学問としての体系化はなく、教科書らしきものもない中での独断的な選択であることは否めません。本書が、

- 食にまつわる日本と世界の抱える問題を知りたい
- 食に関する国内外の法整備を学びたい
- 食品関連の仕事に役立てたい
- 今日食べた食事について考えたい

という読者の要望に対する解決の糸口になれば、望外の喜びです。

文献・参考情報は巻末にてまとめて掲載しています。各ホームページのアドレスは、2024 年 8 月 5 日現在、検索可能なものを用いました。

iii

はじめに

第1章 グローバル視点の食糧課題とリスク評価　1

1. 国際社会が抱える食糧課題 …………………………… 2
2. 日本国内の食糧課題 …………………………………… 4
3. 食品の安全性を確保するためのしくみ ……………… 6
4. リスク分析を構成する3つの要素（作業原則）…… 8
5. 国際組織・機関のしくみ － CAC ………………… 10
6. 国際組織・機関のしくみ － EFSA ……………… 12
7. 国際組織・機関のしくみ － FDA ………………… 14
8. 国内のしくみ－ FSC ……………………………… 16
- Column　WFP が分析した飢餓要因 ……………… 18
- NOTE　食料安全保障 ……………………………… 19

第2章 コーデックス委員会　21

1. CAC が設置された経緯 …………………………… 22
2. CAC の目的 ………………………………………… 24
3. CAC の組織 ………………………………………… 26
4. CA と採択するまでの推敲手順 …………………… 28
5. 食品の安全を確保するための規格・基準・規範・指針の例 … 30
6. 公正な貿易に必要な要素 …………………………… 32
- Column　食品の定義 ……………………………… 34

第3章 世界保健機関　37

1. WHO 憲章 …………………………………………… 38
2. WHO タバコ規制戦略 ……………………………… 40
3. MPOWER と世界のタバコ対策状況 ……………… 42

iv

4	アルコールに対する世界戦略の変遷	44
5	減塩（Na/塩分）戦略	46
6	減塩を支持する科学的な根拠	48
Column	ナトリウム（Na）とカリウム（K）	50
NOTE	システマティックレビュー（SR）を活用しよう！	51

第4章 欧州食品安全機関　55

1	EFSA	56
2	外部の専門家	58
3	食品および飼料の製造に使用する微生物の安全性	60
Column	品質管理システム（QMS）	62

第5章 米国食品医薬品局　63

1	FDAの起源、法規、法令等の歴史	64
2	米国内における食に関する法整備の流れ	66
3	一般に安全と認められる物質 — GRAS物質	68
4	食品安全近代化法（FSMA）	70
5	パンデミックおよび全災害準備再承認法	72
6	新時代のよりスマートな食品安全の青写真	74
Column	米国国民を薬害から救った、FDA医務官	76

第6章 日本の食の安全を守るために　77

1	食品安全基本法	78
2	施策の策定に係る基本的な方針（11〜21条）	80
3	内閣府食品安全委員会　その1	82
4	内閣府食品安全委員会　その2	84
Column	消費者委員会	86

v

第7章 EFSAにおける食品ヘルスクレーム　87

1. ヘルスクレームとは？……88
2. ヘルスクレームにおけるEFSAの役割……90
3. 疾病リスク軽減、子どもの発育または健康に関する表示……92
4. 栄養プロフィールの設定……94
5. 評価が保留された植物性食品ならびに微生物に関するクレーム……96

Column　公正で健康的、かつ環境に優しい食料システムのために……98
NOTE　事例研究1……99
NOTE　事例研究2……100

第8章 サプリメントを評価する──米国　101

1. 栄養表示教育法（NLEA）……102
2. 食品表示と栄養と教育……104
3. DSHEA……106
4. 栄養補助食品の利点と問題点……108
5. DSHEA制定の背景……110
6. 栄養補助食品に関する教育的取組み……112
7. 栄養補助食品の安全はどう保証されるのか？……114

Column　米国における栄養補助食品の表示……116

第9章 食品表示制度──日本　117

1. 食品表示制度と保健機能食品……118
2. 栄養機能食品……120
3. 特定保健用食品その1……122
4. 特定保健用食品その2……124
5. 消費者庁の機能性表示食品制度……126
6. 機能性表示食品の課題とその事例……128

Column　いわゆる「健康食品」について……130

第10章 アジア諸国および地域　131

1. 韓国、中国、台湾の健康食品 …………………………… 132
2. ASEAN について ………………………………………… 134
3. 健康補助食品に関する ASEAN の統一基準と要件 …… 136
4. 健康補助食品に関する統一ガイドラインおよび規格 … 138
5. 国別にみる健康食品　その１ …………………………… 140
6. 国別にみる健康食品　その２ …………………………… 142
7. 国別にみる健康食品　その３ …………………………… 144
- Column　グローバル・サウス ……………………………… 146

第11章 地理的表示　147

1. 地理的表示と保護制度 …………………………………… 148
2. 先行する欧州の地理的表示 ……………………………… 150
3. EU における伝統食品の品質を保証する制度 ………… 152
4. 商標と地理的表示 ………………………………………… 154
5. 日本の地理的表示保護制度 ……………………………… 156
- Column　チーズのプロに学んでワインを美味しく飲もう！… 158
- NOTE　TRIPS 協定 ………………………………………… 159

第12章 公正な食品の取引のために　161

1. 公正な食の取引のために ………………………………… 162
2. 新しい国際的な枠組み …………………………………… 164
3. 地域的な包括的経済連携協定 …………………………… 166
- Column　日本人のビタミンならびにミネラルの摂取量 …… 168
- NOTE　RCEP 協定における農林水産品関連の合意概要 … 169

付録	170
おわりに	172
文献・参考情報	174
略語	180
索引	182

第 1 章

グローバル視点の食糧課題とリスク評価

introduction

この章では、生きる糧である食糧を飢餓と飽食の観点からグローバルに考えます。次いで、食品の安全性を評価するための各国、各組織の仕組みについて説明します。

https://wfp.org/

1 国際社会が抱える食糧課題

🍴 国際社会の食糧課題

①国連世界食糧計画 (WFP：World Food Programme)[1] の活動目的
飢餓のない世界を目指して活動しています。

② WFPの活動
紛争や自然災害などの緊急時に命を救い、食糧支援を通して、紛争や災害、気候変動の影響から立ち直りつつある人びとのために平和、安定、繁栄への道筋を築いています。

③ WFPの貢献実績
戦争や紛争の武器としての飢餓利用を阻止する努力とその功績により2020年にノーベル平和賞を受賞しました。

④ WFPの報告
WFPによると、地球上のすべての人が食べるのに充分な食糧が生産されているが、世界中で、8億1,100万人が充分な食糧を手に入れることができず、5,000万人が緊急の飢餓に直面、すなわち、9人に1人が依然として飢餓に苦しみ、数百万人に飢饉が迫っています[1]。

> **WFPの活躍　〜ガザ地域〜**
>
> 2023年11月17日、ガザ地区の人びとを飢餓から救うため、支援物資を輸送するための燃料の運び入れが合意されました。この合意によって、2週間分の食料が、約2万3000人へ届けられました。WFPが赴く場所は常に非常に厳しい状況にありますが、その土地で暮らす人びとが、明日への希望を見失わないためにも、WFPの活動はとても重要な役割を担っています。
>
> 参考：WFP、爆撃と飢餓がガザを襲う中、国連WFPとパートナーは支援を強化、https://ja.wfp.org/stories/bombs-and-hunger-haunt-gaza-wfp-and-partners-push-ramp-support

＊1　https://www.wfp.org/publications/nutrition-programming-first-1000-days
＊2　https://www.wfp.org/eu-projects/enhancing-access-children-education-fighting-child-labour

1 国際社会が抱える食糧課題

WFP の活動概要

❶ 国連世界食糧計画の活動目的
- 飢餓のない世界

❷ WFPの活動
- 紛争や自然災害にあった国への食糧支援

❸ WFPの貢献実績
- 2020年にノーベル平和賞を受賞

❹ WFPの報告
- 飢餓の深刻さを訴えます。9人に1人が依然として飢餓に苦しみ、数百万人に飢饉が迫っています

▷ **WFPは、緊急時に人命を救う支援として、次のような活動も行っています。**

①出生後、最初の1,000日間の栄養プログラム*1
生涯における適切な時期の適切な栄養摂取は、その後の人生において栄養失調とその悪影響を防ぐために極めて重要です。WFPは、この期間の栄養摂取を支援します。

②児童の教育へのアクセス向上と児童労働撲滅プロジェクト*2
欧州連合(EU)とのパートナーシップ協定(6,000万ユーロ規模)により、児童(とくに少女に重点)の教育機会の向上と労働市場から引き離す活動を行っています。

📖✏ より学びを深めるために
- 食品ロスへの漠然としたイメージから、具体的な問題意識へと変わるには、なにができるだろうか
- WFPの活動を支援する企業や団体の活動にはどんなものがあるだろうか

2 日本国内の食糧課題

🍴 自給率 40% 以下と食品ロス

　　日本の食料自給率は主要先進国中最低水準です。日本の 2022 年度のカロリーベースの食料自給率は 38%（国産熱量：850kcal/ 供給熱量：2,260kcal）、生産額ベースの自給率は 58%（国内生産額：10.3 兆円 / 食料全体の供給金額：17.7 兆円）です。高カロリーの米や小麦、油脂類がカロリーベースの、高価格の畜産物や野菜、魚介類が生産額ベースの自給率にそれぞれ影響します。輸入品より国産品を消費することで自給率は高くなり、とくに「生産額ベースの自給率」がより高くなります。

　　近年では、米の消費は下がり、畜産物や油脂類の消費が増加しました。畜産物は飼料自給率[*1]も加味する必要があり、油脂類は原料の大豆や菜種などを輸入に頼りきっています。このように食生活の変化は自給率全体の低下につながります[2)]。

　　食糧を海外に頼らなければならない日本において、まだ食べることができる食品の廃棄、いわゆる「食品ロス」は深刻な課題です。農林水産省および環境省の「令和 2 年度の食品ロス量の推計値」[3)]によると、日本では 1 年で 522 万トンの食品ロスが生じています。このうち、事業からのロス量は 275 万トン、家庭からのロス量は 247 万トンで、世界中で飢餓に苦しむ人々に向けた支援食糧（約 420 万トン）の 1.2 倍です。食料安全保障[*2]上の観点からも、食品ロス量の削減には事業者と国民の双方に努力が求められます[3)]。

＊1　飼料自給率とは、畜産で用いられる飼料のうち、国産飼料の占める割合です。2022 年度の飼料自給率の全体は約 26%、粗飼料は約 78%、濃厚飼料は約 13%です。
https://www.maff.go.jp/j/council/seisaku/tikusan/attach/pdf/r5bukai2-10.pdf
＊2　第 1 章の NOTE を参照。

2 日本国内の食糧課題

食品ロスの現状

高カロリーの食品	高価格の食品
米や小麦、油脂類	畜産物や野菜、魚介類

↓影響　　　↓影響

カロリーベースの自給率　　**生産額ベースの自給率**

令和2年度の食品ロス量

- 事業からのロス量 53%
- 家庭からのロス量 47%

食品ロス削減推進法

「食品ロスの削減の推進に関する法律」（略称　食品ロス削減推進法）が、令和元年10月1日に施行されました。

背景には、日本ではまだ食べることができる食品が大量に廃棄されていることや、持続可能な開発のための2030アジェンダ（2015年国連総会決議）でも食品ロスが言及されたことがあります。

この法律は、食品ロスの削減を総合的に推進することを目的とします。また、この法律の第2条では、食品ロスの削減とは、まだ食べることができる食品が廃棄されないようにするための社会的な取組、と定義されています。第3条〜第7条では、国・地方公共団体・事業者の責務、消費者の役割、関係者相互の連携協力が謳われています。

食品の安全性を確保するためのしくみ

　食糧は生きる糧ですから、安全であることは当然です。しかし、グローバル化が進展する昨今においては、食品の安全性を確保するために「日本独自」の仕組みだけでは通用しません。そこで、国際的な組織や機関による「食の安全性」を評価するための科学的なしくみについては、次節以降で説明します。

　具体的には、食品のリスク分析について「コーデックス委員会（CAC：Codex Alimentarius Commission）」や「欧州食品安全機関（EFSA：European Food Safety Authority）」、「米国食品医薬品局（FDA：Food and Drug Administration）」、「内閣府食品安全委員会（FSC：Food Safety Commission of Japan）」などの事例から、リスク評価（アセスメント）やリスク管理（マネージメント）、リスクコミュニケーションに関する一般的な説明ならびにそれぞれの機関の特徴を紹介します。

> **食のグローバル化**
> 　1980年以降、新自由主義が広く浸透し、経済活動に大きな変化を与えました。この変化は農産物の貿易にも大きく影響をあたえます。食生活の変化により、新しい食の形態や楽しみがもたらされましたが、食料自給率は大きく減少することになります。その一方で、食品ロス（食べ残し）は増加傾向にあるのは2節で解説したとおりです。日本では、一日3度の食事を摂ることが、一般的です。毎日の食事に変化を持たせ、楽しむことは大切です。自給率の向上のために、「今日はパンではなくお米を食べよう」や、食品ロス削減推進のために、「食べられる分だけ購入しよう」など、まずは小さな心がけから始めてみませんか？

3 食品の安全性を確保するためのしくみ

各関係組織の一覧

コーデックス委員会
(CAC：Codex Alimentarius Commission)

食品の安全性と品質の国際的な基準を定める
日本も参加している（厚生労働省ほか各省庁）

● 2章で解説

欧州食品安全機関
(EFSA：European Food Safety Authority)

● 4章で解説

米国食品医薬品局
(FDA：Food and Drug Administration)

● 5章で解説

内閣府食品安全委員会
(FSC：Food Safety Commission of Japan)

● 6章で解説

上記の国際機関、政府間機関、政府機関は、次節以降で述べるような、食のリスク分析を構成する3つの要素について、明確に規定されている組織として選択しました。
また、3つの要素について、組織構築が進行中のASEAN諸国については、10章で取り上げました。

リスク分析を構成する3つの要素（作業原則）

①リスク評価（者）

リスク評価（者）はリスク管理（者）からの要請に応える役割があります。規格や規制の開発を支える透明な科学的根拠を提供し、それらが実装される前にさまざまなオプションの比較評価を可能にします。食品や飼料の安全性に関するリスク評価は、健全な科学的根拠と証拠に基づき、独立した立場で行います。リスク評価は、1) 危害要因の特定、2) 危害要因の特性評価、3) 曝露評価（摂取量推定）、4) リスク判定の4段階で行います。

②リスク管理（者）

リスク管理（者）はすべての利害関係者と協議して「消費者の健康の保護および公正な取引慣行の促進に関連するリスク評価およびその他の要素」ならびに「必要に応じて、適切な予防および制御オプションを選択する」ことを考慮して政策の選択肢を検討します。そして、すべての利害関係者との対話や協議を通して、リスク管理オプションの検討と選択、リスク管理措置の実施、リスク評価の依頼、データの生成、リスク評価結果のレビューなどを行います。また、必要に応じて適切な防止処置を講じます。このようにリスク管理（者）はリスク評価（者）との緊密な連携が不可欠です。

③リスクコミュニケーション

リスクコミュニケーションでは、リスク分析のすべての行程にわたって、一般市民（消費者や消費者団体）、行政、メディア、事業者、専門家、学術コミュニティ、およびその他の利害関係者が危害要因やリスクについて、双方向の情報と意見交換を行います。その目的は、対話・共考・協働の活動で、説得ではありません。

4 リスク分析を構成する3つの要素（作業原則）

リスクアナリシス（分析）

リスク管理 政策ベース

4段階の評価
① 危害要因特定
② 危害要因判定
③ 曝露評価
④ リスク判定

リスク管理（者）からの要請

リスクコミュニケーション
リスクについての関係者間の情報と意見の交換

リスク評価 科学ベース
健全な科学的根拠と証拠安全性に関連する独立した助言

> リスク分析を構成する3要素間の独立性や相互依存性について、EFSA, FDA, FSC間で対比し、それぞれの組織が持つ食品の安全性を確保する仕組みの特色については、8節で詳しく説明します。

国際組織・機関のしくみ ― CAC

　1995年コーデックス委員会（CAC）より要請を受けた国際連合食糧農業機関（FAO[*1]：Food and Agriculture Organization of the United Nation）/世界保健機関（WHO：World Health Organization）専門会議は、危害要因を摂取することで、どのような健康影響が、どの程度の確率で起こるかを科学的に評価するプロセスとして「食品規格問題へのリスク分析の適用[4]」を出版しました。これは、食品のリスク分析における原典といえるもので、食品の安全性に関するリスク分析用語が定義されています。2003年「CACの枠組みの中で適用されるリスクアナリシスの作業原則[5]」が第26回CAC報告のAppendix IVに掲載され、2007年にガイドライン「政府が適用する食品安全に関するリスクアナリシスの作業原則 CAC/GL 62-2007」[6]が採択されました。

　これらCACによるリスク分析の作業原則をまとめると、リスクとはヒトの健康への有害影響を引き起こす可能性のある、食品内または食品の状態がもつ生物学的、化学的、または物理的危害要因とそれをどの程度食するかで表すことができます。

FAOと日本

　日本のFAOへの加盟は1951年です。日本は理事国の1つで、米国、中国に次ぐ第3位の分担金拠出国です。その費用は約8,208万ドルで、全体の8.03%にあたります（2024-25年）。また、農林水産省が、任意拠出（各国が政策上の必要に応じて拠出するお金）により、各種事業を実施しています。

参考：農林水産省 輸出・国際局国際戦略グループ、国際連合食糧農業機関、
https://www.maff.go.jp/j/kokusai/kokusei/kanren_sesaku/FAO/attach/pdf/FAO-11.pdf

＊1　FAOとは、飢餓撲滅の取り組み（すべての人びとの食糧安全保障を実現）を主導する国連の専門機関です。
https://www.fao.org/about/about-fao/en/

5 国際組織・機関のしくみ — CAC

コーデックス委員会（CAC）年表とリスクとは何か

CAC年表

1995年	FAO/WHO専門食品規格問題へのリスク分析の適用を刊行
2003年	第26回CAC報告「Appendix IV」に「コーディクス委員会の枠組みの中で適用されるリスクアナリシスの作業原則」が掲載
2007年	ガイドライン「政府が適用する食品安全に関するリスクアナリシスの作業原則CAC/GL 62-2007）が採択

リスクとは

- 生物学的危害要因
- 化学的危害要因
- 物理的危害要因

→ これら危害要因をどの程度食するか

生物学的危害要因
病原細菌、腐敗微生物、ウィルス、寄生虫、病原微生物。
化学的危害要因
カビ毒（マイコトキシン）[*1]、重金属[*2]、食品添加物、農薬。
物理的危害要因
異物混入（鉱物性異物、植物性異物、動物性異物）。

[*1] 生物学的危害要因は、細菌、微生物、ウィルス、寄生虫など、生物そのものが、危害要因ですが、化学的危害要因には、カビや食中毒菌の代謝物である、マイコトキシンやエンテロトキシンが直接の危害要因となることがあります。
[*2] 一般に、食品の中には微量の金属が存在しています。銅や亜鉛のように必須元素ではあるものの、限度を超して摂取すると、食中毒の原因となるものなどがあります。

11

6 国際組織・機関のしくみ ― EFSA[7)]

　欧州食品安全機関（EFSA）は、欧州連合（EU：European Union）の一機関として2002年に設立され、欧州委員会、欧州議会、EU加盟国からの科学的助言の要請に応えてリスク評価を行います。また、独自のイニシアチブで、新たな問題や危険を調査し、評価方法とアプローチを更新する科学的作業「セルフタスク」も行います。安全性を確保するための仕組みは概ねCACを踏襲していますが、科学的助言はおもに公開選抜手順を通じて任命された科学パネルと科学委員会が提供します。科学パネルはEFSA独自の組織的特色です。EUの立法機関や執行機関とは法的に独立した立場での役割が強調されている点と、食品及び飼料の安全、栄養、動植物衛生並びに動物福祉を含めた食物連鎖を考慮している点にリスク評価視点での特色があります[8)]。

● EU基本情報
　加盟国：27か国
　公用語：24言語

食物連鎖
　食物連鎖とは、食べる・食べられる関係をいいます。食物連鎖には階層（生態系ピラミッド）が存在し、下層の生き物は上層の生きものに捕食されます。下層に属する生き物の餌や生息環境が汚染されていると、その毒性は上層になればなるほど強くなります（生物濃縮）。かつて、日本で発生した大きな公害も、この生物濃縮によるものでした。

＊1　White Paper on Food Safety、
https://eur-lex.europa.eu/legal-content/EN/TXT/?uri=LEGISSUM:l32041
＊2　REGULATION (EC) No 178/2002、
https://eur-lex.europa.eu/legal-content/EN/TXT/PDF/?uri=CELEX:32002R0178

6 国際組織・機関のしくみ — EFSA

EFSA 設立の経緯

EUの食品安全にかかわる政策と制度の枠組

- 12 January 2000

  食品安全に関する白書
  (White Paper on Food Safety) [*1]

- 28 January 2002

  規則（EC）第178/2002号 [*2]

設立

EFSA

2002〜
独立した立場で、
食品安全にかかわる
リスクの評価と伝達

EUの食品安全にかかわる政策と制度の枠組みを形作っているのが、2000年に発表された「食品安全に関する白書」（White Paper on Food Safety）[*1] と2002年1月28日の欧州議会および理事会の規則（EC）第178/2002号 [*2]（食品法の一般原則と要件を定め、EFSAを設立し、食品安全に関する手続きを定めています）です。
この規則の中で、EFSAの食品および飼料の安全性における独立した情報を提供とリスク伝達を規定しています。

7 国際組織・機関のしくみ ── FDA[9]

　米国食品医薬品局（FDA）では内部組織の食品安全性栄養センター（CFSAN：the Center for Food Safety and Applied Nutrition）[10]がリスク分析を行います。リスク分析の3要素は、独立した活動と相互依存的な活動の両面を持ち、互いに重なり合い、どの構成要素も独自の責任を持ち、リスク分析の過程で相互コミュニケーションの重要性を謳っています。特徴としては、高い透明性、チーム中心、反復的、研究の役割を詳細に述べています。各3要素のチームリーダーのほか、リスク分析コーディネーターやサイエンスアドバイザー、シニアマネージメントチーム等の参加者を設け、機能上の境界線はありますが、相互依存的であるべきとしています。

※写真はイメージです

リスク評価を実施するために、CFSAN が行うこと。
①リスク評価を特定し選択するための意思決定ベースのアプローチを採用します。
②リスク評価を実施するための手順を確立します。
③リスク評価に使用されるデータの品質を評価する基準を策定し、必要な情報を特定します。
④提出されたリスク評価と裏付けデータを評価するためのガイドラインを開発します。
⑤リスク評価の批判的査読と評価を促す過程を正式化します。
⑥複雑なリスク評価を実施する能力を身に着けます。

食品安全性栄養センター（CFSAN）の役割

FDA

食品安全性栄養センター（CFSAN） — リスク分析を行う

リスク分析の3要素
各要素は独立した活動と相互依存的な活動の両面を持つ

リスク分析の特徴
各要素は高い透明性、チーム中心、反復的、研究の役割

CFSANは、FDAに6つある製品に基づくセンターのひとつです。その取り組みは以下の通りです。

- 有害な細菌やその他の危険物を発見、追跡、除去する方法の開発
- 食品の新しい原材料の安全性と新しい着色料の安全性の評価
- 製造方法の強化・精密化
- 食品、栄養補助食品、化粧品に適切なラベルが付いていることの確認
- 良好な栄養と効果的な食品安全慣行の促進食中毒の発生原因の調査
- 安全ではない製品の調査標的としての設定

8 国内のしくみ ― FSC

　FSC（内閣府食品安全委員会）[11]は、社会状況の変化や多様化を踏まえ「食品の安全性確保において国民の健康保護が最も重要である」という基本姿勢のもとにリスク評価およびリスクコミュニケーションを行っています[12]。

　リスク評価は、既述要素を基本に、一貫性、公正性、客観性および透明性をもって適切に行い、内容を明確に文書化します。右の表にはEFSA、FDA、FSCの各特色を示しました。

①リスク評価

　リスク管理者と機能的に分離・独立を確保し、リスク評価を行い、国民の健康への悪影響の未然防止を目指します。管理者の諮問に応じて評価を行う時は、両者を含む利害関係者と協議し、範囲や目的を明確に示した評価方針を制定します。

②リスクコミュニケーション

　発信する情報は、国民の食品に対する理解やよりよい行動変容に貢献する内容とします。フードチェーン（第2章参照）の各段階に関わる全ての利害関係者と科学的な情報共有ならびに意見交換を行い、その結果を活動に反映します。

③国際貢献

　国際協調のため、CACへ科学的助言を行う国際的リスク評価の専門家会議やリスク評価機関等で実施されたヒトの健康保護に関する情報を考慮します。海外のリスク評価機関と情報や意見を交換し、本邦からも情報発信や国際的な貢献を図ります。

④情報の提供元として

　食品摂取により国民の健康に係る重大な被害が生じた場合や生じるおそれがある緊急時の対応として、利害関係者が適切に対処できるよう保有する科学的情報の迅速な提供を行います。

8 国内のしくみ — FSC

EFSA, FDA, FSC の安全性を確保する仕組における特色（比較）

組織・機関	EFSA (2002年)	FDA (2002年)	FSC (2021年)
おもな特徴	科学パネルはEFSA独自の組織的特徴 立法機関や執行機関とは法的に独立した立場での役割 食品および飼料の安全、栄養、動植物衛生ならびに動物福祉を含めた食物連鎖を考慮	透明性、総合的チーム、反復的、研究の役割を詳細に記載 リスク分析構成要素の各チームリーダーのほか、リスクアナリシスコーディネーターやサイエンスアドバイザー、シニアマネージメントチーム等の参加者を設け、相互依存的	食品の安全性確保において国民の健康保護が最も重要であるという基本的認識のもとに、リスク評価およびリスク管理、リスクコミュニケーションを行う
リスク評価者（実行組織）	科学パネル(Scientific Panels)と科学委員会(Scientific Committee)	食品安全性栄養センター（CFSAN）	専門調査会
リスク管理者（評価の要請を含む）	欧州委員会(the European Commission)、欧州議会(the European Parliament)、EU加盟国(EU Member States)、欧州理事会(the European Council)	CFSAN長官、副長官、シニアサイエンスアドバイザーを含む	消費者庁：食品安全基本法の「基本事項」の策定 環境省：環境汚染に関するリスク管理 農林水産省：農林水産物等に関するリスク管理 厚生労働省：食品衛生に関するリスク管理
リスクコミュニケーション	リスク評価者とリスク管理者との間で食物連鎖に関連するリスクについてコミュニケーションすることを目的とする	リスク分析の3構成要素（評価、管理、コミュニケーション）は同等で、互いに重なり合い、独立した活動と相互依存的な活動の両面を持ち、どの構成要素も独自の責任を持っている点やリスク分析の過程で相互コミュニケーションの重要性をうたう	消費者庁、環境省、農林水産省、厚生労働省の各省庁が、関係者相互間の幅広い情報の共有や意見交換としてのリスクコミュニケーションを実施し、消費者庁が全体調整を行う
仕組み	CAC/GL62-2007を踏襲	WHOによって促進された概念とフレームワークであるリスク分析を使用	食品安全基本法に従い、厚生労働省や農林水産省等の他の管理機関から独立のリスク管理機関として機能

17

Column

WFPが分析した飢餓要因

❶ 紛争

　飢餓をなくすための最も重要な課題。世界の飢餓人口の60%は紛争の影響を受けている地域に住んでいます。イエメン、南スーダン、コンゴ民主共和国、シリアなどでは、紛争によって深刻な飢餓が引き起こされています。

❷ 気候変動

　洪水や干ばつなどが、何百万人もの人びとの命と生計に影響を与え、貧困や飢餓を悪化させ、社会的緊張を高めます。

❸ 災害

　災害発生時には、WFPはすべてを失った人びとに食料やその他の救命支援のための物資を届けます。

❹ 格差

　貧困の連鎖が人びとの生活を制約し、飢餓の度合いを悪化さます。雇用、金融、市場へのアクセスが向上すれば、人びとは貧困から抜け出し、生産性と消費力を高め、地域の市場を活性化します。

❺ 食品ロス

　農場の保管設備が悪いと害虫やカビが発生し、収穫した作物がダメになってしまいます。技術や市場へのアクセスがないため、農家の多くは収穫に必要な労働力や資金が得られず、作物は収穫されないまま畑で腐ります。

❻ 新型コロナウイルス感染症など新興感染症によるパンデミック

　生産、貿易、生活が破壊され、多くの人びとが仕事を失い、社会経済的影響は何百万人もの脆弱な人びとをより深刻な食料不安に追いやることで、状況をさらに悪化させました。

　このような要因が飢餓ゼロという目標達成を難しくしています。

食料安全保障

　国民が、持続的に良質な食料を合理的な価格で入手できるようにすることは、国の基本責務です。不測の事態においても、最低限度必要な食料供給を確保するため、平成11年7月、食料・農業・農村基本法が公布・施行されました。以下に抜粋します。

> （食料の安定供給の確保）
> 第2条　食料は、人間の生命の維持に欠くことができないものであり、かつ、健康で充実した生活の基礎として重要なものであることにかんがみ、将来にわたって、良質な食料が合理的な価格で安定的に供給されなければならない。
> 2　国民に対する食料の安定的な供給については、世界の食料の需給及び貿易が不安定な要素を有していることにかんがみ、国内の農業生産の増大を図ることを基本とし、これと輸入および備蓄とを適切に組み合わせて行われなければならない。
> 4　国民が最低限度必要とする食料は、凶作、輸入の途絶等の不測の要因により国内における需給が相当の期間著しくひっ迫し、またはひっ迫するおそれがある場合においても、国民生活の安定および国民経済の円滑な運営に著しい支障を生じないよう、供給の確保が図られなければならない。
> （不測時における食料安全保障）
> 第19条　国は、第2条第4項に規定する場合において、国民が最低限度必要とする食料の供給を確保するため必要があると認めるときは、食料の増産、流通の制限その他必要な施策を講ずるものとする。

第 **2** 章

コーデックス委員会

introduction

この章では、消費者の健康を守り、公正な食品貿易の実施を確保するための国際的な政府間機関であるコーデックス委員会 (CAC：codex alimentarius commission) について説明します。

https://www.fao.org/3/CA1176EN/ca1176en.pdf

1 CACが設置された経緯 [1,2]

　食品貿易は、食料を比較的低コストで、生産できる場所から必要な場所に移動させることができるので、世界の食料安全保障と健康的な食生活の実現を可能にします。したがって、食品貿易は世界の多くの国が量と多様性の両方の観点から国内生産が維持できるレベルを超える食料需要を満たすのに役立ちます。

　国どうしの貿易で、食品を輸出入することは何千年も前から行われてきたことですが、1900年頃まで[*1]は地元で生産、販売、消費されることが一般的でした。ところが、過去1世紀の間で、食品の輸出入量は飛躍的に増加し、かつては不可能だった量と種類の食品が世界中を移動するようになり、検疫などによる消費者の健康の保護、公正な貿易の確保が必要となりました。

　1963年にFAOおよびWHOによって、国際的な食品規格・基準、すなわちコーデックス規格（CA：Codex Alimentarius）の策定などを行うためにコーデックス委員会（CAC）が設置（日本は同年より加盟）されました。

---

*1　古代でも、不正な食品販売から消費者を守る仕組みがありました[2]。アッシリアの石版には、穀物の正確な重量決定法が記載され、エジプトの巻物には、特定の食品に適用されるラベルが規定されています。古代アテネでは、ビールやワインの純度や不純物を検査し、ローマでは、不正や粗悪な農産物から消費者を守るための国家による食品管理システムがあり、中世の欧州では、各国が代表的な食品の品質と安全性に関する法律を制定しました。これらの古代法令の一部はいまでも有効なものも存在します。

1 CACが設置された経緯

貿易の変化

- 食品貿易は健康的な食生活の実現を手助けします。
- 貿易は大昔から行われてきたが、大量の食品が輸出入されるようになったのは近年になってからです。
- 貿易を盛んに行ううえで、国際的な取り決めのためにコーデックス委員会が設置され、コーデックス規格が策定されました。

2　CACの目的

　コーデックス規格（CA）は、国際的に採用された食品基準と関連文書を集めたものです。消費者の健康を保護し、公平な食品貿易を保証すること、ならびに、食品の定義や輸送の要件を精緻化し、国際貿易の調和と促進を目的としています。

　「CA規約[3)]」の第1条を下記に引用します。

　「FAO/WHO合同食品規格計画[*1]」を実施するためにCACは以下の5項目に従い、FAOおよびWHOの事務局長に対し、下記のすべての問題について提案を行い、また、事務局長からの諮問を受けます。

a. 消費者の健康を保護し、食品貿易の公正な実施を確保します。
b. 国際的な政府間機関および非政府機関が行うすべての食品規格に関する業務の調整を促進します。
c. 適切な組織の援助により、規格草案の優先順位を決定し、作成の着手および指導を行います。
d. 上記c.に基づき作成された規格を最終化し、地域規格または世界規格として、CACで公表します。その際、b.に基づき他の機関が既に最終化した国際規格があれば、それらを合わせて使用します。
e. その後の状況の進展を踏まえて、公表された規格を適宜改正します。

---

*1　FAO/WHO合同食品規格計画を実施するための組織がCACです。

公平な食品取引

```
        食品
       /    \
      /      \
  消費者の --- 公平な貿易
   健康
```

- コーデックス規格とは、国際的に採用された食品基準と関連文書を集めたものです。
- コーデックス規格を知ることで、国同士の食品貿易で基準とされている条件が分かります。
- 食品の定義や輸送の要件を精密化することは、消費者の健康の保護、公平な食品貿易を保障することに繋がります。

3　CACの組織 [4)]

　2023年10月現在、CACは188の加盟国と1つの加盟組織（欧州連合）から構成されています。活動中のCAC部会を右の図に示しました。

　総会の直下に、執行委員会（the Executive Committee）と事務局（the Codex Secretariat）があります。さらにその下に、10の一般問題部会（General Subject Committees）があり、汚染物質、添加物、衛生、輸出入検査・認証制度、表示、一般原則、分析・サンプリング法、栄養・特殊用途食品、残留農薬、動物用医薬品の残留物を扱います。個別食品部会（Commodity Committees）では4部会が活動中で、魚類・水産製品、生鮮果実・野菜、油脂、スパイス・料理用ハーブの物理的および化学的基準ならびに特性を定義しています。8部会が休会中です。地域調整部会（The Codex Region）には6つの地域があり、それぞれがFAO/WHO合同地域調整委員会によって代表されています。

　各委員会は、食品規格と食品管理に関する地域の問題とニーズを定義する責任を負っています。地域レベルで連携することにより、各国は食品管理から生じる規制上の問題や課題を浮き彫りにし、食品管理インフラを強化することができます。

　その他には、電子作業グループ（Electronic Working Groups）があり、2024年4月時点で、57案件が稼働しています[5)]。

　これら組織の活動成果として、2024年4月時点で、237件のコーデックス規格（Standard）、87件のガイドライン（Guideline）、57件の実施基準（Codes of Practice）が登録されています。

※写真はイメージです

3 CAC の組織

活動中の CAC 部会

2023年4月

```
コーデックス委員会 (CAC) 総会
├── 執行委員会 (CCEXEC) the Executive Committee
├── 事務局 (CS) the Codex Secretariat
├── 一般問題部会
├── 個別食品部会
└── 地域調整部会
```

一般問題部会
- 食品汚染物質 (CCCF)
- 食品添加物 (CCFA)
- 食品衛生 (CCFH)
- 食品輸出入検査・認証制度
- 食品表示 (CCFL)
- 一般原則 (CCGP)
- 分析・サンプリング法
- 栄養・特殊用途食品
- 残留農薬 (CCPR)
- 食品に残留する動物用医薬品

個別食品部会
- 魚類・水産製品 (CCFFP)
- 生鮮果実・野菜 (CCFFV)
- 油脂 (CCFO)
- スパイス・料理用ハーブ

地域調整部会
- アフリカ (CCAFRICA)
- アジア (CCASIA)
- ヨーロッパ (CCEURO)
- ラテンアメリカ (CCLAC)
- 近東 (CCNE)
- 北アメリカ・南西太平洋

※ Committees | CODEXALIMENTARIUS FAO-WHO[4]

4 CAと採択するまでの推敲手順

　コーデックス規格（Codex Alimentarius）とは、ラテン語で「食品基準（food code）」を意味します。その意味の通り、CAは消費者の健康を保護し、食品貿易における公正な実施を確保するために、CACで制定された国際的な食品の規格・基準・規範・指針等[*1]です。世界的に通用するものは、CAだけで、大きく分けて以下の2つがあります。

1) 消費者の健康の保護を目的に、世界で流通する食品の安全を確保するためのもの。
2) 公正な貿易を促進するために必要と考えられる食品の品質に関するもの。

CAは提案から採択まで、右の図に示す推敲手順を歩みます[2]。

- **STEP 1** 加盟国や各部会から新規作業提案／総会で策定承認。
- **STEP 2** 「規格原案」は事務局を通じて加盟国に提示。
- **STEP 3** 各国や関係団体から「規格原案」に対する意見を募集／提出。
- **STEP 4** 「規格原案」に対する提出意見を検討／修正。
- **STEP 5** 執行委員会で批判的レビュー後、予備採択し「規格案」へ。緊急案件は2/3以上の賛成で迅速手続[*2]へ。不採択の場合 **STEP 3** へ差し戻し。
- **STEP 6** **STEP 3** と同様「規格案」に対する意見募集／提出。
- **STEP 7** **STEP 4** と同様、規格案と意見を基に規格内容を議論。
- **STEP 8** 執行委員会と総会の批判的レビュー後、総会で採択。

*1　健全な科学的分析の原則に基づいて策定されます[6,7,8]。
*2　Step6, 7を省略し、Step5の規格案を最終採択。

4 CAと採択するまでの推敲手順

コーデックス規格（CA）を採択するまでの推敲手順

開始

討議資料 → 規格の目的と範囲 → 時間枠の優先度と関連性 → 科学的アドバイスと技術的インプットの必要性を特定 → プロジェクト文書

各国政府または委員会の補助委員会

STEP 1
委員会は、プロジェクト文書と実行委員会の推奨事項に基づいて新しい作業を承認

STEP 2
事務局は規格原案の準備を手配

規格原案 → 精緻化

STEP 3（コメント）
提案された規格原案は事務局からメンバーおよびオブザーバーに回覧、コメントを要求

STEP 4（コメント）
事務局は受け取ったコメントを検討作業に割り当てられた団体に送信、規格原案の修正

結論

規格案

STEP 5
規格原案は執行委員会で批判的審査し、規格案へ

STEP 6
規格案は事務局からメンバーおよびオブザーバーに回覧、再度、コメント要求（コメント）

STEP 7
作業割当機関はコメントを検討し、規格案を修正（コメント）

*迅速手順

コーデックス規格

STEP 8
規格案は執行委員会が仲介し、批判的審査

採用 Codex Web 公開

29

5 食品の安全を確保するための規格・基準・規範・指針の例

　食品添加物の使用基準、農薬や有害物質の安全基準、食中毒を防止する微生物基準、食品製造で守るべき衛生規範などです。

　代表的な「食品衛生の一般原則：CXC（Codes of Practice）1-1969[9]」は、「適正衛生規範（GHP：Good hygiene practices）」と「危害分析重要管理点（HACCP：Hazard analysis critical control point）システムとその適用指針」の2部構成となっています。前者は、安全で適切な食品の生産を支援するすべての食品衛生システムの基礎をカバーし、後者は、一次生産から最終消費までのフードチェーン全体に適用できるHACCPの原則を扱っています。

フードチェーン
　フードチェーンとは、食料生産から消費までの全体の流れ（システム）のことです。フードチェーンは、物流と市場の担い手があって成立するため、日本国内においては、少子化で労働人口が減少することで、フードチェーンの維持が困難になることが予想されています。さらに世界を見ると、感染症のパンデミックや紛争によっては、フードチェーンがその機能を失う可能性もあります。資源の再活用や食品ロスの削減などで、新しいフードチェーンを成立させていくことが課題となっています。

5 食品の安全を確保するための規格・基準・規範・指針の例

食品衛生の一般原則とは？

```
食品衛生の一般原則
CXC (Codes of Practice) 1-1969
```

適正衛生規範（GHP）

安全で適切な食品の生産を支援するすべての食品衛生システムの基礎をカバー

危害分析重要管理点（HACCP）

一次生産から最終消費までのフードチェーン全体に適用できるHACCPの原則

- CXCは食品衛生システムの基礎をカバーし、HACCPは食品の製造（一次生産）から消費者が食べるまで（最終消費）の一連の流れに適応されます。
- 日本では、2021年6月1日より「すべての食品等事業者」にHACCPに沿った衛生管理に取り組むことが義務付けられています。

31

6 公正な貿易に必要な要素

規格・基準・規範・条件

　公正な貿易に必要な要素として、ある特定の食品が含有すべき成分とその量、製造方法、その内容表示指針、分析方法、食品貿易に必要な輸出証明の作成・発行などがあげられます。

　その中核となる「譲許的援助および食料援助を含む食品の国際貿易における倫理規範[10]」には、すべての消費者は、安全かつ健全で健康に良い食品を入手し、不公正貿易から保護される権利を有すると定めています。第3条では、そのための禁輸食品を具体的に例示しています。第4条では「国際貿易される食品に必要な条件」が明記されています。

日本の農林水産物・食品の輸出額

　2024年1月から6月における日本からの農林水産物・食品の輸出額は、7,013億円で、前年より132億円のマイナスとなりました。輸出額の増加が大きいおもな国や地域は、米国、ベトナム、台湾で、輸出額の減少が大きい国や地域は、中国、香港です。とくに中国に向けた輸出実績は、2023年夏のALPS処理水放出以降、マイナスが続いています（2024年8月公開情報より）。

参考：農林水産省、2024年1-6月農林水産物・食品の輸出額、https://www.maff.go.jp/j/shokusan/export/e_info/attach/pdf/zisseki-78.pdf

6 公正な貿易に必要な要素

食品貿易の中核要素

譲許的援助および食料援助を含む
食品の国際貿易における倫理規範

「すべての消費者は、安全かつ健全で
健康に良い食品を入手し、
不公正貿易から保護される権利を有する」
と定める

- 全部で4つの項目が立てられている。各項目の概要を示す。

第1条	規範の目的について記載
第2条	この規範が適用される範囲について記載
第3条	禁輸食品を具体的に例示
第4条	「国際貿易される食品に必要な条件」が明記

33

Column

食品の定義

　食品衛生法（食衛法）第一章（総則）第4条第一項には、次のように食品が定義されています。

　「この法律で食品とは、すべての飲食物をいう。ただし、医薬品、医療機器等の品質、有効性および安全性の確保等に関する法律〔薬機法（昭和三十五年法律第百四十五号）〕に規定する医薬品、医薬部外品および再生医療等製品は、これを含まない。」

　食衛法と薬機法という2つの法律が、それぞれ規定する食品と医薬品、医薬部外品および再生医療等製品はまったく別のものだと主張しています。

```
            すべての飲食物
  ┌─────────────────────────────┐
  │                               │
  │                  ┌─────────┐ │
  │  食品（食衛法で規定） │ 医薬品、医薬部外品 │ │
  │                  │および再生医療等製品│ │
  │                  │ （薬機法で規定） │ │
  │                  └─────────┘ │
  └─────────────────────────────┘
```

「食品」＝「すべての飲食物」－「医薬品、医薬部外品および再生医療等製品」

　一方、CODEX の英語表記の定義ではどうでしょうか。

"Food" means any substance, whether processed, semi-processed or raw, which is intended for human consumption, and includes drinks, chewing gum and any substance which has been used in the manufacture, preparation or treatment of "food" but does not include cosmetics or tobacco or <u>substances used only as drugs.</u>

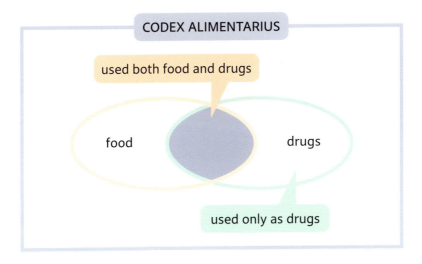

　これを翻訳すると、「『食品』とは、加工、半加工、未加工（生）を問わず、人間が消費することを目的としたあらゆる物質を意味し、飲み物、チューインガム、および『食品』の製造、調製、または食品処理に使用されたものを含みますが、化粧品やタバコ、または薬物としてのみ使用される物質を含まない」となります。

　ここで、"substances used only as drugs" という表現が気になります。逆に言えば、「食品」としても、「薬物」としても、使用される物質の存在を認めているのでしょう。

第 **3** 章

世界保健機関

introduction

この章では、世界保健機関 (WHO: world health organization) が掲げるタバコ、アルコール、食塩に関する世界戦略について説明します。

https://www.who.int/

1 WHO[1]憲章

　1945年4月、サンフランシスコで開催された国際連合（UN：United Nations）設立会議において、ブラジルと中国の代表は国際保健機関を設立し、その憲章を策定することを提案しました。1946年、ニューヨークで開かれた国際保健会議（WHOが継承）が採択した世界保健憲章（WHO憲章、1948年4月7日発効）によって、WHOは設立されました[2),3)]。

　WHO憲章序文の冒頭では「この憲章の当事国は、国際連合憲章に従い、次の諸原則がすべての人民の幸福と円満な関係と安全の基礎であることを宣言します」と述べられており、当事国が果たすべき役割を示しています。そして、特筆すべき重要な内容である健康に関する定義が続きます。すなわち「健康とは、単に病気や虚弱がないことではありません。肉体的にも、精神的にも、そして社会的にも、完全な状態にあることをいいます。…達成可能な最高水準の健康を享受することは、すべての人間の基本的人権のひとつです。…」

　この精神に則り、WHO主導による12年間にわたる大規模な世界的予防接種キャンペーンの結果、1980年、天然痘根絶宣言が出されました。天然痘から学んだ教訓は、AIDSやポリオ、COVID-19の対策にも活かされています[2)]。また、後述のようにその大半が生産人口に起こり、年間数千万人が死亡している心臓病や脳卒中、がん、糖尿病慢性呼吸器疾患など非感染性疾患（NCD：noncommunicable diseases）へ対策対象を広げています。すべての人が健康を享受するためには、NCDsに対する世界戦略が重要です[4)]。

＊1　WHOは、憲法前文に定められた原則を堅持し続けています。
https://www.who.int/about/governance/constitution

世界保健憲章（WHO憲章）[1]

- 健康とは、肉体的、精神的、社会的に完全に良好な状態を指し、単に病気や虚弱がないことではありません。

- 達成可能な最高水準の健康を享受することは、人種、宗教、政治的信念、経済的または社会的状況の区別なく、すべての人間の基本的権利のひとつです。

- すべての人びとの健康は、平和と安全の達成に不可欠であり、個人と国家の最大限の協力に依存しています。

- 健康の促進と保護における国家の成果は、すべての人にとって価値があります。

- 健康増進と疾病管理、特に伝染病の分野での国ごとの進歩の不平等は、共通の危険です。

- 子どもの健全な発育は基本的に重要であり、いろいろな変化をする環境の中で調和して生きる能力はそのような発育に不可欠です。

- 医学、心理学、および関連する知識の恩恵をすべての人びとに広めることは、健康を最大限に達成するために不可欠です。

- 国民の健康を改善するには、十分な情報に基づいた国民の意見と積極的な国民の協力が最も重要です。

- 政府は国民の健康に対する責任があり、適切な保健および社会対策を提供することによってのみその責任を果たすことができます。

2 WHO タバコ規制戦略 [5, 6]

　WHO タバコ規制枠組条約（FCTC：framework convention on tobacco control）[5, 6]は、国際的な保健法制として際立った価値を持ち、WHOによる後援の下で交渉された最初の国際条約です。第 52 回 WHO 総会（1999 年開催）での起草から、政府間での交渉会議を 6 回に渡って開催しました。2003 年総会で採択され、2005 年 2 月 27 日に効力をもちました。国連が創設されて以来、最も早く広範囲に受け入れられた条約のひとつで、地球上に蔓延しているタバコという疫病（the tobacco epidemic）をなくすために、すべての人が最高水準の健康を得る権利を再確認する、科学的根拠に基づいた条約です。

　地域の文化、社会的、経済的、政治的、法的要因を考慮した効果的なタバコ規制プログラムを確立し、実施するための国際協力、とくに技術、知識、資金援助の移転と関連専門知識の提供が重要で、そのためには市民社会の参加は目的達成に不可欠です。公衆衛生の促進におけるマイルストーンであり、国際保健協力に新たな法的側面を提供しています。

　その実施は長年にわたって進められてきましたが、締約国の国内法への統合の遅れ、既存法の最適とは言えない執行、資源配分の低さ、タバコ業界によるマーケティングと政策への介入の強化により、取り組みが損なわれ続けていました。そこで、締約国は、緊急の行動に取り組む必要性を認識し、2018 年 10 月の WHO FCTC 第 8 回締約国会議で、中期戦略：タバコ規制を加速する世界戦略（WHO FCTC 2019-2025：global strategy to accelerate tobacco control）[6]を採択しました。

2 WHO タバコ規制戦略

タバコ規制の現状は？

> 先進国で、WHO FCTC がリーダーシップを発揮して、タバコ規制が強化される一方、これまで喫煙対策に対して積極的ではなかった低所得国および中所得国でも、効果的なタバコ規制が導入されました。…今日までどちらの国でも、規制は効力を発揮していますが、その度合いは先進国＞低所得国および中所得国といった具合です。

3 MPOWER[7]と世界のタバコ対策状況

　タバコの使用と予防方針のモニター（MPOWER: monitor tobacco use and prevention policies）[7]は、FCTCに実行力を持たせるために技術的にデザインされた組み合せによる調査指標です。タバコの副流煙は、肺がんなど循環器疾患に罹るリスクを高めます。副流煙により、タバコを吸っていない人（非喫煙者）でも、年間130万人が肺がんに罹り、亡くなっていると報告されています。禁煙環境を整えることで、人びとの健康は保障され、企業と経済にも利益をもたらす効果が期待できます。そこで、FCTCでは、締約国に対し、条約の実施に関する5つの項目について、定期的な報告（MPOWER）を求めています。

　これらタバコ規制・対策は、世界中でどの程度が推進されてきているのでしょうか。タバコの世界的流行に関するWHO報告書（2023年）「タバコの煙から人々を守れ」[7]では、タバコ規制は依然として世界的な健康上の優先事項としながらも、15年間（2007-2021）にわたる活動の結果、包括的な禁煙環境を作れた国の数は、2007年の10か国から2022年には74か国に増加、さらに世界の喫煙率は22.8%から17.0%に減少し、世界人口の4分の1以上に相当する21億人が、公共の場所、職場、公共交通機関での完全な禁煙によって保護されるようになったことを報告しています。

　しかし、WHOによると日本の受動喫煙対策は、屋内での100%禁煙ができていないことから、4段階評価の「最低レベル」です。

3 MPOWERと世界のタバコ対策状況

さまざまな禁煙マーク

アルコールに対する世界戦略の変遷

　心血管疾患予防ガイドライン[8]によると、多くの研究結果から、「少量または中等量の飲酒者では非飲酒者よりも死亡率が低いことに対し、大量の飲酒者では死亡率が高いことを示している」と報告しています。

　また「アルコールの有害使用の低減のための世界戦略[9]」では、健康状態を損ねるほか、アルコールに関連するさまざまな問題は、飲酒した本人とその家族に限らず、地域社会にも深刻な影響を与えることに焦点をあて、未成年者による飲酒および飲酒運転の低減、各国のアルコール管理政策の見直しや酒類業界の対応策、消費者への情報開示促進など社会全体での取り組みが盛り込まれました。

　しかし、WHO は 2023 年 1 月のニュースリリースで「アルコール摂取に関しては、健康に影響を与えない安全な量（閾値）は存在しない」と発表しました。さらに「タバコと同様に、アルコール飲料のラベルにもがん関連の健康メッセージを表示する必要がある」としています[10]。

　これまで WHO は少量または中等量の飲酒者では非飲酒者よりも死亡率が低い可能性を述べていました（2007 年当時）。その後、アルコールによる直接的な健康被害よりも、飲酒による副次的な社会問題に長く焦点が当てられていました。2023 年 1 月のニュースリリースで WHO はついに、アルコール飲用と健康被害との関係には閾値がなく、一滴のアルコール飲用でも健康被害に向かうとの立場を表明しました。

4 アルコールに対する世界戦略の変遷

ビールとタバコの警告文

アルコールの大量摂取には、大きな健康リスクがあります。

警告文は、短く、明確な文言で、喫煙と健康リスクの因果関係を示すものが望ましいでしょう。

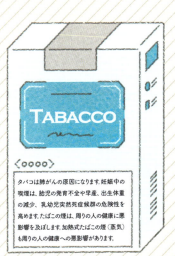

5 減塩（Na／塩分）戦略

減塩(Na／塩分)目標と WHO 加盟国の目標

　　心血管疾患予防ガイドライン[8]では、WHO 技術報告シリーズ 916[11]を引用し、Na／塩分摂取に関する現行推奨量「2／5g／日未満」は適切であるとしました。

　　Na／塩分の過剰摂取は血圧を上昇させ、血圧の上昇は心血管疾患のリスクを高めます。WHO 加盟国は、2013 年から 2020 年までの NCDs の予防と管理のための世界行動計画を採択し、国民の平均 Na／塩分摂取量の相対的 30％削減を含む 9 つの自主的な世界目標を達成するために、あらゆるレベルで協調した行動を開始しました。この活動では 2025 年までに Na／塩分の摂取推奨量を「2／5g／日未満」にすることを目標としています。それ以来、Na／塩分削減は世界の公衆衛生において、投資収益率がよい施策と認識されています。

　　多くの国が国民の Na／塩分の摂取量を減らすための措置を講じています。とくに、血圧上昇による死亡リスクが世界の 2 倍以上である低中所得国では、健康への影響を軽減するためにさらなる努力が必要とされています。高所得国も 2025 年までに食事による Na／塩分の 30％削減、2025 年以降は「2／5g／日」までの削減の達成に向けた、さらなる行動と約束を達成するために、WHO は減塩戦略の実施をサポートするガイドライン[12]の公表や減塩の啓蒙活動[13, 14]を行っています。

日本の塩分摂取量

　厚生労働省による令和元年 国民健康・栄養調査結果では、食塩摂取量の平均値は 10.1g であり、男性 10.9 g、女性 9.3 g です。厚労省の推奨量は、男性 7.5g/日未満、女性 6.5g/日未満です。高血圧学会の推奨量は 6.0g/日未満、WHO は 5.0g/日未満です。

5 減塩（Na/塩分）戦略

減塩で知っておきたい3つのポイント

ポイント1

- 塩分の1日摂取量の目標は、2/5g/日とされています。日常的に食べている食事内容を見直し、減塩の取り組みを行うことが大切です。

ポイント2

- 減塩することで血圧の上昇を防ぎます。血圧を高めないことで、心疾患を予防できます。

ポイント3

- 成人と小児では、目標値の設定となる根拠が異なります。

減塩を支持する科学的な根拠

　減塩のガイドライン[12]の科学的な根拠となる研究報告[15,16]では、減塩（Na／塩分）によって、現行の摂取量とは無関係に幅広い摂取レベルで、成人と小児の収縮期血圧と拡張期血圧が大幅に低下し、Na摂取量を2g／日未満に減らすと、Na摂取量を2g／日を超える範囲での減塩よりも、血圧低下により効果がありました。一方、血中脂質、カテコールアミン濃度、腎機能は減塩によって重篤な悪影響を受けることはありませんでした。

　Na摂取量と全死因による死亡率との間、ならびに心疾患（偶発性心血管疾患および非致死性冠状動脈性心疾患）の増加との間には、直接的な関連は認められませんでした。しかし、血圧の上昇や、疾患（脳卒中、冠状動脈性心疾患）リスクの増加との間には強い正の相関があります。これら一連の結果は、Na摂取量の減少（減塩）が血圧低下作用を通じて、これらの心疾患の発生リスクを改善しうるという間接的な科学的根拠を示しています[12]。

　これら一連の科学的根拠に基づいて、WHOは成人の血圧と心血管疾患、脳卒中、冠状動脈性心疾患のリスクを軽減するために「Na／塩分摂取量を2／5g／日未満に減らすこと」および小児の場合は、血圧制御のために、エネルギー必要量に基づいて、成人推奨摂取量より少ない量の摂取を勧めています[12]。

　16歳以上を対象とし、37報のRCTsを用いたメタ解析（右の図）[15,16]ならびに2歳から15歳までを対象とし、10報の研究を含むメタ解析を統合した結果、ともに減塩摂取によって収縮時、拡張時血圧の低下を示したことが、このガイドライン[12]の重要な科学的根拠です。なお、ともに減塩摂取による健康被害は認められませんでした。

6 減塩を支持する科学的な根拠

メタ解析における採用と除外のふるい分け

文献(15)を例に

| 血圧に焦点を当てたデータベース検索により1,426報を特定 | 腎機能に焦点を当てたデータベース検索で1,854報を特定 | 有害事象に焦点を当てたデータベース検索で6,522報を特定 | 他の文献目録や外部通信を通じて特定された36件の記録 |

題名から9,838報をふるいにかけた → 無関係な9,426報を除外

要約から412報をふるいにかけた → 209報を除外

203報の全文記事から適格性を評価した →
- 118報が重複
- 41報を排除
  - 11報は非RCT
  - 11報は非ナトリウム摂取
  - 10報は観察期間が4週間以下
  - 7報は24時間の尿排泄を非測定
  - 1報は関連結果ナシ
  - 1報はNa摂取量に40mmolの差ナシ

44報でレビューを行った →
- 5報は分類待ち
- 1報は進行中
- 1報はメタ解析に不含

37報で定量的(メタ)解析を実行

Column

ナトリウム(Na)とカリウム(K)

　高血圧は、非感染性疾患(NCDs)である循環器疾患(心臓発作や脳卒中)を引き起こすリスクがあります。また、循環器疾患は世界の死亡原因の上位を占めています。そこで、高血圧の原因になるNa/食塩摂取量の削減が重要です。2012年、WHOは、高血圧による心血管疾患のリスクを軽減するため、減塩を促すガイドライン「成人および小児のNa摂取」[13]とK(カリウム)摂取を促すガイドライン「成人および小児のK摂取」[17]を発表しました。

　K摂取を促す根拠は、摂取量の増加による成人の収縮期と拡張期血圧の有意な低下(小児では有意ではない)です。したがって、K摂取量の増加は、Naの過剰摂取による悪影響を緩和する可能性があります。WHOは国の政策および公衆衛生栄養プログラムを策定指導のために、Naおよびその他の栄養素のガイドラインと併せて、このガイドライン[17]を使用することを推奨しています。

　Na摂取量と循環器疾患との間には直接的な正の関連はなく、K摂取量も循環器疾患との間に有意な負の関連はありませんでした。しかし、血圧と循環器疾患および冠状動脈性心疾患との間には強い正の相関があり、Na摂取量の低減やK摂取量の増加による血圧改善は、循環器疾患の発症抑制に対する間接的な根拠と考えられます。

　Naを多く含む傾向のある加工食品に対して、Kは、豆類やナッツ、ほうれん草、キャベツ、パセリなどの野菜、バナナ、パパイヤ、ナツメヤシなどの果物といった、さまざまな未精製食品に含まれています。普段、保存性を保つための加工・調理を施した食品やインスタント食品等の加工食品ばかり食べることが多い、または新鮮な野菜や果物が少ない食事ではKが不足します。WHOは成人のK摂取量を少なくとも90mmol(3,510mg)/日とすることを推奨しています。

NOTE

■ システマティックレビュー (SR) を活用しよう！

1 信頼性の高い情報を得るために

　1990年代初頭に登場した「根拠に基づいた医療 (EBM: evidence-based medicine)」という考え方があります。現在、この考え方は、根拠 (evidence) に「科学的」という冠を付けて「科学的根拠に基づいた…」として受け入れられています。この科学的根拠は、ランダム化並行群間比較試験 (RCT: randomized controlled trial) などの介入研究や症例対照研究 (case-control study) などの観察研究からなる一次研究で得ることができます。

　信頼性の高い科学的根拠を得るために重要なのが、システマティックレビュー (SR: systematic review) です。SR とは、一次研究の個々の結果について、その質の評価や批判的再吟味[*1]を行う研究レビューです。著者の意図を反映して集めた論文によって書かれた総説 (narrative review) と比較すると、SR は RCT だけを選択的かつ網羅的に収集して書かれています。したがって、SR によって得られた結果は、信頼性の高い情報の集積と言えます。

　また、SR の質のばらつきを判断することも重要です。エビデンス・グレーディング (科学的根拠の格付け) では、RCT の SR は最上位に位置し、RCT、比較臨床試験、コホート研究、症例対照研究、症例集積研究と続きます。余談になりますが「高名な先生が『…と言った』」という expert opinion は、この格付けの最下位に位置づけられます。

研究デザインとエビデンス・グレーディング

[*1] 批判的吟味とは、エビデンス・グレーディングなどを念頭に、読者が論文 (特に臨床研究の) の信頼性を自身で客観的に評価することです。

2 SRの具体的な手順

では、SRは具体的にどのようにして行われるのでしょうか？ 詳しい手順は以下のようになります。

①証明したい仮説に見合ったリサーチクエスチョンを設定

P (Participants：誰に)、I (Intervention：何をすると) または E (Exposure：曝露によって)、C (Comparison：何と比較して)、O (Outcome：どうなるか)：PICO (臨床研究に適用) または PECO (観察研究に適用) に基づき、構造的に設定します。

②レビューワーの選定

客観性を保つために、原則として2名以上とします。関連分野の学術論文 (英語および日本語) を批判的に吟味できる能力を有することがレビューワーの条件です。

メタアナリシスの実施にあたっては、論文間の異質性評価に係る知識等、高度な専門性が要求されます。

③選択基準および除外基準の設定

①で設定したPI(E)COに見合った選択基準および除外基準を設定します。

④レビュー・プロトコールの詳細な作成

⑤検索式の設定

PI(E)COを参照します。

⑥検索の実施

⑦個々の論文の質評価

PI(E)COに対する各論文の非直接性「リサーチクエスチョンと各論文との間の各種条件の違い (対象者、介入、比較、アウトカム指標等の違い)」について評価します。

⑧各論文からのデータ抽出

A) 臨床試験：研究デザイン、セッティング、対象者の特性、介入 (期間等)、対照 (プラセボ、何もしない等)、解析方法、主要および副次アウトカム、有害事象、査読の有無などです。

B) 観察研究：研究デザイン、セッティング、対象者の特性、曝露 (期間

等)、対照 (曝露なし等)、調整変数、主要および副次アウトカム、健康被害、査読の有無などです。

⑨エビデンス総体の評価

　メタアナリシスにより結果を定量的に統合しようとする場合は、コクランQ統計量のカイ2乗検定やI2統計量を基に論文間の異質性について確認し、その結果を基に統計学的手法 (モデル) を選択します。定性的な場合は「totality of evidence」の観点から評価します。

⑩ SR の結果と仮説との関連性に関する評価

　得られた結果が①の仮説と合致するかを吟味し、結論を導きます。

なお、「機能性表示食品の届出等に関するガイドライン」の一部が改正されました (2023年9月29日)[18]。機能性の科学的根拠を説明する資料である研究レビューにおいて、準拠することとされている PRISMA 声明 (2009年)[19] が PRISMA 声明 (2020年)[20] に更新されたことに伴う改正です。この PRISMA 声明に付属する「チェックリスト」については本書の付録で解説します。

第 **4** 章

欧州食品安全機関

introduction

この章では、食品や飼料など、食物連鎖に関連するリスク評価を行う欧州食品安全機関（EFSA：european food safety authority）[1]について説明します。

https://www.efsa.europa.eu/en

1　EFSA[1]

　EFSAとは、食品や飼料のリスク評価に関する公平な情報を提供する機関です。EFSAは、利害関係者らと協力し、EUの科学的助言の一貫性を促進しています。農場から食卓まで食品に関連するリスクから欧州の消費者を守るために法律と規制に関する科学的根拠を提供しています[2]。

　活動の中核は、具体的にどんなリスクがあって、消費者がそれに対して感じた疑問に答えるための科学的根拠を収集、評価、統合することです。活動の多くは、まず、リスク管理者から科学的アドバイスを要請され、それに応えるため行います。また「自己タスク型活動」として知られる独自の取り組みで研究も実施します。一方で、業務と作業に関して独立した外部評価を義務付けられています。

　独立した専門家とEFSAスタッフが共同で作成した、リスク管理者に対する科学的助言が活動の成果として得られます。EFSAの活動はすべて、卓越性、独立性、公開性、説明責任、協力という価値観に根ざし行われています。これらの活動プロセスは透明であるため、利害関係者がその取り組みを精査し、対等かつ開かれた環境で対話することができます。具体的には、食物連鎖による有毒成分の濃縮や残留農薬など、考えられるリスクについて、独立した立場で、かつ消費者のニーズに合った方法でコミュニケーションを行います。ほかにも加盟国のパートナーとともに、欧州の食品安全に関する知識のエコシステム[*1]を構築することで、食の安全を確保します。食の安全を確保することは、人びとの健康的な食生活と持続可能な食品システムの基礎となります。

＊1　EFSAが提唱する、データの収集、モデリング、分析などのデジタル化によって、欧州における食品の安全と栄養を改善するための構想で、そのためのツールやテクノロジーの開発も行っています。

1 EFSA

外部の科学的専門家による知識、経験、意思決定が
EFSAの仕事の心臓部です

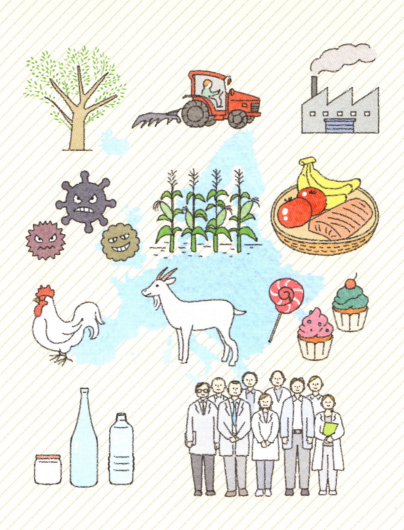

2 外部の専門家[3)]

　EFSAの活動の中核をなすものとは、外部の科学専門家[3)]の知識、経験、意思決定です。ここでいう、外部の科学専門家とは、公開選考手続きを通じて任命された科学委員会(SC: the scientific committee)と10の科学パネル(EFSA's scientific panels)のメンバーです。彼らによって、おもに科学的助言が行われます。SCは評価の大部分を担当し、横断的な科学問題に関するパネルの作業を支援します。各パネルはそれぞれ、食品ならびに飼料ごとに異なる食物連鎖の分野を専門とし、さまざまな分野に特化しています。SCとパネルのメンバーの選定には、透明性を保つための徹底した取り組みがなされています。メンバーはその選考手順に従って5年ごとに更新されます。

　なお、SCは、EFSAに対する戦略的、科学的助言を行います。具体的にはEU全体のアプローチがまだ定義されていないEFSAの権限内の分野における科学的事項について、調和のとれたリスク評価方法を開発し、パネルによって作成された意見の一貫性を確保するための一般的な調整を行います。

　EFSAスタッフは、微生物汚染や腐敗、化学汚染物質、食品消費、新たなリスクに関する情報とデータの監視および分析を行います。EFSAに代わり、農薬に含まれる活性物質の評価に関するピアレビューや、緊急のアドバイス要求への対応などの科学的成果を作成することもあります。

※写真はイメージです

2 外部の専門家

パネルの名称、その略語、各パネルによる科学的助言および活動内容

パネルの名称	略語	科学的助言および活動の内容
Additives and Products or Substances used in Animal Feed	FEEDAP	動物飼料に使用される添加物および製品・物質の安全性/有効性に関する助言です。動物飼料に使用する生物学的および化学製品/物質の安全性/有効性を評価・検討します
Animal Health and Welfare	AHAW	動物の病気と動物福祉のあらゆる側面に関する助言です。おもに魚などの食糧生産動物を含みます
Biological Hazards	BIOHAZ	食品の安全性および食品媒介性疾患に関連する生物学的危害に関する助言です。人間に伝染する動物の病気、伝染性海綿状脳症、食品微生物、食品衛生とそれに伴う廃棄物管理を含みます
Contaminants in the Food Chain	CONTAM	食物連鎖における汚染物質や、天然毒性物質、マイコトキシン、未承認物質の残留物などの望ましくない物質に関する助言です
Food Additives and Flavourings	FAF	食品添加物および香料に関する安全性とそれらへの消費者の暴露に関する助言です。おもに使用認可前の評価になります
Food Contact Materials, Enzymes and Processing Aids	CEP	食品に添加される化学物質、または食品の包装および関連工程で使用される化学物質の安全性に関する助言です。おもに使用認可前の評価になります
Genetically Modified Organisms	GMO	食品と飼料の安全性、環境リスク評価、分子特性評価/植物科学に関する助言です。その研究は主に遺伝子組み換えされた植物、微生物、動物に関係します
Nutrition, Novel Foods and Food Allergens	NDA	ヒトの栄養、新規食品、栄養源、乳幼児用ミルクなど特別なグループ向けの食品、食品のヘルスクレーム、食事摂取基準値、食品アレルギーに関する助言です
Plant Health	PLH	植物、植物製品、または生物多様性に害を及ぼす可能性のある植物害虫によってもたらされるリスクに関する助言です。フードチェーンの安全性とセキュリティに関するリスクのレビューと評価を含みます
Plant Protection Products and their Residues	PPR	農薬の事業者、労働者、消費者、環境に対する農薬のリスク評価に関する助言です。ガイダンス文書の作成やレビューを含み、農薬に使用される活性物質の評価をサポートします

- パネルメンバーは、専門知識を持つ欧州全土の科学者から、科学委員会委員は欧州全土の著名な科学者からそれぞれなります。

59

3 食品および飼料の製造に使用する微生物の安全性

　EFSA は、飼料添加物、食品添加物、食品酵素、食品香料、新規食品、および植物保護製品の市場承認申請において、食品の加工工程や原材料として使用される微生物の安全性評価を容易にすることを目的として、独自性の高い評価手順である安全性適格推定（QPS: qualified presumption of safety）[4] を 2007 年に導入しました。

　QPS は、既存知識を用いて、すでに安全性が知られている微生物と、安全性評価の対象となる微生物（リスクがある可能性が高い微生物）を区別します。

　市場認可の申請を受け取った後、専門家は微生物の分類学的同一性、関連する知識体系、および潜在的な安全性の懸念を評価します。分類学的に同定できない微生物、安全上の懸念が確認されている微生物、または人間、動物、環境に対して安全上の懸念があるかどうか結論付けることができない微生物は、QPS ステータスを備えていません。

　QPS ステータスを持つ微生物一覧（QPS リスト）[*1] と市場承認申請を通じて「EFSA に通知された微生物剤」のリストがあります。どちらのリストも、BIOHAZ 声明の発表後、6 か月ごとに更新されます。

＊1　このリストに含まれる微生物は、QPS ステータスを持ち、その QPS 分類単位（細菌、菌類、微細藻類 / 原生生物については種レベル、ウイルスについては科レベル）に属するすべての微生物株も、同じ QPS ステータスであることを意味します。

3 食品および飼料の製造に使用する微生物の安全性

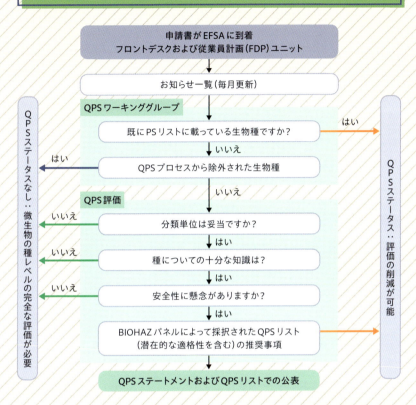

- QPSとは、Qualified Presumption of Safetyといい、「安全性適格推定」と訳されます。
- EFSA内で活用される、食品または飼料に意図的に添加される微生物の安全性を評価するプロセスです。

Column

品質管理システム(QMS)

　EFSA は、QMS (quality management system)[5, 6] の積極的かつ継続的な改善を通じて、欧州の食品安全システムに対する信頼を創り出し、欧州の消費者のニーズを満たすあるいはそれを上回ることで、消費者満足度の向上に努めています。

　EFSA ジャーナルでの科学的成果の発表について、EFSA は、EC より、目的適合性やコミュニケーションの明確性という基準から、非常に肯定的な意見を得ています。同様に、外部評価作業部会[*1] からも EFSA が開発した科学的な品質保証システムに対して非常に肯定的な意見を得ています。これらのことは、QMS 全体にわたる強化と調和について、外部からも高い評価を受けていることを示しています。

　EFSA は、QMS によって、2016 年に ISO9001：2015[*2] の認証を取得し、卓越性、独立性、開放性、革新性、協力性を通じて、助言を提供し、伝達するための確固たる基盤があることを証明しています。

　EFSA は、ISO9001：2015 の要求事項に沿って、QMS の継続的な適切性、妥当性、有効性、および組織の戦略的方向性との整合性を確保するため、毎年自己レビューを実施しています。2020 年には、年次 QMS の目標を多くの部分について達成しました。

＊1　EFSA の設立規則は、業務と作業の実践について独立した外部評価を委託することを義務付けています。この評価に基づいて、経営委員会は EFSA の経営計画と戦略についての推奨事項を作成します。
＊2　顧客に提供する製品・サービスの品質を継続的に向上させていくことを目的とした国際規格

第 5 章

米国食品医薬品局

introduction

この章では、米国食品医薬品局（FDA：U.S. food and drug administration）[1]の食品の安全性をめぐる歴史や制度について概説し、食品行政の歴史が失敗と改善の繰り返しであり、事件が食品の安全を作ってきたことを説明します。

https://www.fda.gov/

FDA の起源、法規、法令等の歴史 [2, 3]

　米国食品医薬品局（FDA）の起源は、1848年に特許庁に設立された農業部門にまで遡ります。1862年からは、新設された米国農務省化学部門で、粗悪な食品や医薬品の調査を開始しました。

　連邦消費者保護機関としての活動は、1906年の純粋食品医薬品法（PFDA: Pure Food and Drug Act）の成立に始まります。それ以降の歴史年表を右の図に示します。当時、食品や医薬品として売られていた商品の中には、高価なガラス瓶に詰められ、BRED-SPREDという空想的で「特徴的」な「意味のない名前」が付けられ販売されていました。しかしこの商品は、コールタール、人工ペクチン、人工香料、草の種といった粗悪な原料からできていました。それにもかかわらず、この商品とほかの類似品は、美しく包装され、精巧にラベルが貼られ、一流の女性誌で大々的に宣伝されていました。PFDAが成立し、このような消費者製品市場で長年続いてきた深刻な乱用をなくすことを目的とした広範な規制が行われるようになりました。数回の改称を経て、1930年にFDAとなりました。

1 FDAの起源、法規、法令等の歴史

FDA 創設までの年表

1848	米国食品医薬品局 (FDA) の起源：特許庁に農業部門が設立された
1862	米国農務省化学部門で、粗悪な食品や医薬品の調査
1906	純粋食品医薬品法（PFDA：pure food and drug act）の成立
1930	FDA 創設

- かつて、米国内では、健康や美容効果をうたった粗悪な食品が氾濫していました。
- しかし、FDA が創設されたことで、こうした粗悪な品物の取締りは強化され、市場から除かれるようになっていきます。

より学びを深めるために
- 米国民の健康な生活のために、FDA 創設後は数々の法律を成立させ、また権限が与えられるようになりました。

65

2 米国内における食に関する法整備の流れ

① FD&C法の可決

1938年、抗菌剤の溶剤が原因で子供を中心に107名が死亡する事件（エリクシール・スルファニルアミド事件）が発生し、これを機に連邦食品・医薬品・化粧品法（FD&C法：the (federal) food, drug, and cosmetic act）が、可決・成立しました。この法律によりFDAは、食品、医薬品、化粧品に関与できる権限を与えられました。また、毒性物質の許容摂取基準など、現行法につながる概念が複数作られました。

② GRAS物質のリスト化

1958年、一般に安全と認められる（GRAS）物質[4, 5]（次節参照）がリスト化されましたが、1969年、サイクラミン酸がラットに膀胱がんを誘発し、ニクソン大統領はGRAS物質の科学的評価を指示しました。

③ 全災害準備再承認法（PAHPRA）

2011年、FD&C法を修正し、FDA権限を強化する食品安全近代化法（FSMA：food safety modernization act）[6]が可決しました。2013年にはパンデミックおよび全災害準備再承認法（PAHPRA：pandemic and all-hazaeds preparedness）[7]が策定されました。2020年7月、新型コロナウイルス感染症により、食料供給が安全かつ強力に保たれるための現代的アプローチの必要性から、新時代のよりスマートな食品安全の青写真（the new era of smarter food safety）[8]が発表されました。

※写真はイメージです

2 米国内における食に関する法整備の流れ

FDAの食品の安全性に関連する法規や法令等の年表

1906	純粋食品・医薬品法（PFDA）
1930	FDAと改称
1938	連邦食品医薬品化粧品法（FD&C Act）
1958	食品添加物改正法、GRASリスト
1969	ニクソン大統領、GRAS物質の評価を命令
1972	GRAS認証プロセスが開始
1997	GRAS通知プログラムが開始
2006	193件のGRAS通知が提出
2011	食品安全近代化法（FSMA）が可決
2013	パンデミックおよび全災害準備再承認法（The Pandemic and All-Hazards Preparedness）
2020	新時代のよりスマートな食品安全の青写真（New Era of Smarter Food Safety）が発表

一般に安全と認められる物質 ─ GRAS 物質

　食品に味をつけたり、色をつけたり、より鮮やかに発色させたり、あるいは、保存性を高める、などの意図をもって、食品に加えられる物質は、すべて「食品添加物」です。これら食品添加物は FD&C 法に基づき FDA による市販前審査および認可の対象となります。ただし、適格な専門家によって使用状況から安全であると認められたもの、もしくは食品添加物の定義から外れるものはこの審査から除外されます。

　ある物質が、食品添加物として認められるのは容易ではなく、承認には多くのプロセスが必要で、この場合にも同じ量および質の科学的根拠が必要です。なお、1958 年以前から食品に使用されていた物質については、GRAS 物質 (generally recognized as safe)[4] として認められる可能性があります。

　科学的手順によって、一般に安全であると認めるための要件としては、すでに公表されている研究に基づいた科学的根拠が必要です。食経験に基づいて一般に安全であると認めるための要件としては、多くの消費者によって長い間、継続的に使用されていることが必要です。

　2016 年 8 月の GRAS 最終規則では、申請者がその添加物が意図した用途の条件下では GRAS であるとの認識をもっている場合は、FD&C 法第 409 条の市販前承認要件の対象ではないと FDA に主張できます (GRAS 通知)。これに対する FDA の対応は
1) 疑問を抱いていない。
2) 充分な根拠を提供していない。
3) 通知者の要請により、評価を中止した。の 3 つのカテゴリのうち、いずれかです。

　GRAS 物質特別委員会 (SCOGS: select committee on gras substances) によって最新のリストが公表されています[9]。

3 一般に安全と認められる物質 ― GRAS物質

GRAS物質のイメージ

> ラットに膀胱がんを誘発したサイクラミン酸（IUPAC名：N-シクロヘキシルスルファミン酸ナトリウム；sodium N-cyclohexylsulfamate）は、通称チクロと呼ばれる人工甘味料のひとつです。甘さは砂糖の30倍から50倍といわれています。日本では、発がん性が疑われるために使用が禁止されています。

4 食品安全近代化法（FSMA）[6]

　米国疾病予防管理センター（CDC：the Centers for Disease Control and Prevention）の最近のデータによると、米国では毎年約 4,800 万人（6 人に 1 人）が病気になり、約 12 万 8,000 人が入院し、約 3,000 人が食中毒で死亡しています。これは公衆衛生上の重大な健康課題ですが、病気やけが、食中毒のほとんどは予防できます。

　この法律は、食中毒への対処から予防へと転換することで、米国の食品安全システムを変革します。米国議会は、世界の食料システムの劇的な変化に応じるため、食中毒は食料の妥当な価格に対する脅威と認識し、食中毒に対する米国民の理解の変化に対応しました。

　FDA は、動物用食品に対しても、規制を設けています。これは、ヒト用と動物用では多くの異なる点があるものの、これら両方の世界的なサプライチェーンにおいては、食品供給の安全性を確保する責任があると認識し、FSMA を実施するために右の図に示す 9 つの規則を最終決定しました。

　このように FSMA は、食品が汚染されるのをを防ぐために、各ポイントで実行すべき具体的な措置を明確にするように設計されています。

ペットフード安全法

　日本国内においても、ペットフードに関連する法整備はされています。2009 年 6 月から施行された「愛がん動物用飼料の安全性の確保に関する法律（通称：ペットフード安全法）」では、目的とペットフードの定義、販売事業者の責務、規格基準等が定められています。法律の対象になるペットフードは、一般的なものをほとんど含みますが、おもちゃや猫草は動物が吐き出すため、法律の対象とはなりません。

参考：環境庁、ペットフード安全法のあらまし、https://www.env.go.jp/nature/dobutsu/aigo/2_data/pamph/petfood_law/pdf/full.pdf

4 食品安全近代化法（FSMA）

FSMAを実施するために

食品安全近代化法（FSMA）

ポイント❶ 食中毒への対処から予防へと転換し、米国の食品安全システムを変革した法律

ポイント❷ 汚染を防ぐために、各ポイントで実行すべき具体的な措置を明確にするように設計

ポイント❸ 動物用食品にも対応

FSMAを実施するための9の規則

❶ 農産物の生産安全基準
❷ 公認された第三者認証
❸ 食品の追跡記録
❹ ヒト用並びに動物用食品の外国供給業者に対する検証プログラム
❺ 食品分析に関する試験所の認定
❻ 意図的混入から食品を守るための緩和戦略
❼ ヒト用食品に対する危害予防管理
❽ 動物用食品に対する危害予防管理
❾ ヒトおよび動物用食品の衛生的輸送

71

5 パンデミックおよび全災害準備再承認法

　パンデミックおよび全災害準備再承認法(PAHPRA: the pandemic and all-hazards preparedness reauthorization act)[7]は2013年に策定された、比較的新しい法律です。化学・生物・放射性・核(CBRN: chemical, biological, radiological, and nuclear)、病原体や新興感染症の脅威を含む公衆衛生緊急事態に対する国家の備えを維持・強化するための重要な法的権限が含まれています。また、公衆衛生上の緊急事態への備えと対応においてFDAが果たす重要な役割を示しています。その役割とは、緊急事態で使用される医薬品、ワクチン、機器(医療対策、またはMCM: medical countermeasuresとも呼ばれる)の開発と利用可能性を促進するというFDAの使命に関する規定に従い、FDAはすべての利害関係者に可能な限り高品質で時宜を得た指針を提供し続けます。

　パンデミックおよび全災害への備えとイノベーションの促進に関する法　律(PAHPAIA: the pandemic and all-hazards preparedness and advancing innovation act)が、同様の脅威に対応する保健福祉省(HHS: the department of health and human services)の取り組みを強化するために2019年6月に制定されました。これまで、食品行政の歴史が失敗と改善の繰り返しであり、事件が食品の安全を作ると説明してきました。ところが、新型コロナウイルス感染症(COVID-19)による世界的猛威の6年も前から、このような事態に対応するための法整備が進められ、準備されていたことになります。

5 パンデミックおよび全災害準備再承認法

PAHPRAにおけるMCMのイメージ

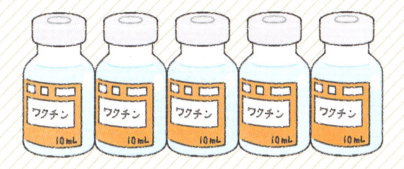

2023年、新型コロナウイルスのmRNAワクチンを開発したカリコ博士とワイスマン博士（共にペンシルベニア大学）は、その功績からノーベル生理学・医学賞を受賞しました。科学分野での功績は、体外で人工的に合成したmRNAを体内に入れたときの免疫反応に関する新たな発見です。この発見をきっかけに、さまざまな感染症に対するワクチンや医薬品の開発が進み、新型コロナウイルス感染症のmRNAワクチンの実用化につながりました。
ワクチン開発のためには、先進的な技術を開発するほかにも、PAHPRAによるMCMの開発など、法的な備えも重要だと考えられます。

6 新時代のよりスマートな食品安全の青写真

　COVID-19の流行にともない急増した、食事や食料品のオンライン・ショッピングなど、世界中が経験した大きな社会変化に対応するための、新時代のよりスマートな食品安全の青写真(The new era of smarter food safety blueprint)[8]について説明します。さらには、世界情勢の急速な変化に合わせ、今後10年先を見据えた食品安全のために、よりリアルタイムでデータ主導型の機敏なアプローチが必要です。この「青写真」は、IT技術やその他のツールを活用し、より安全で、デジタルで追跡可能な食品システムを構築する新しいアプローチです。

新時代のよりスマートな食品安全の青写真（FSMA）
　以下の4つのコア要素を中心に置いています。
①テクノロジーを駆使したトレーサビリティ
②予防とアウトブレイク対応のためのよりスマートなツールとアプローチ
③新しいビジネスモデルと小売業の近代化
④食品安全文化
　これらは、新時代のよりスマートな食品安全の基本的な柱であり、その構成要素であるさまざまなテクノロジー、分析、ビジネスモデル、近代化、および価値をカバーしています。これらの要素が連携することが、より安全でデジタルで追跡可能な食料システムの構築に役立ちます。

参考：https://www.fda.gov/food/new-era-smarter-food-safety/new-era-smarter-food-safety-blueprint

6 新時代のよりスマートな食品安全の青写真

4つの中核要素

中核要素1　テクノロジーを活用したトレーサビリティの強化

汚染源の迅速な特定と市場からの除去による消費者保護が重要です。最終目標は、企業の技術導入による食品システム全体の追跡です。

中核要素2　アウトブレイクの防止とより迅速な対応

根本原因の分析、予測分析、検査、トレーニングおよびコンプライアンスツール、感染拡大への対応、リコールの最新化等、広範囲に及びます。国内の相互依存、各国と提携によるビッグデータの迅速分析等も含まれます。

中核要素3　新しいビジネスモデルへの対応と小売業の近代化

食品の生産と配送の新しい方法と伝統的な小売店の両方に焦点を当て、消費者のニーズに合わせた食品の自宅配送や電子取引において、食品を汚染から守る方法に取り組みます。

中核要素4　より強力な食品安全文化の発展を促進

行政は、農場、食品施設、家庭において食品安全文化を育み、支援し、強化します。人々の信念、態度、そして人々や組織の行動に影響を与え、食中毒の負担を軽減する上で劇的な改善を試みます。

Column

米国国民を薬害から救った、FDA 医務官

　このコラムの主人公である、フランシス・ケルシー博士は 1914 年カナダ・ブリティッシュコロンビア州に生まれ、1960 年 FDA 医務官に就任しました。就任後の初仕事は、1957 年にドイツのグリュンタール社が開発した、鎮静・催眠薬であるサリドマイドの米国内での販売に向けた安全性審査でした。博士が審査を始めた頃には、すでに日本（1958 年）を含む世界数十カ国で販売されていました。深い自然な睡眠誘導効果と高い安全性が宣伝され、つわりの治療薬として妊婦にも処方されていました。

　博士のもとには製造会社から安全性の証拠と思われるものが送り続けられ、絶え間ない圧力を受けましたが、申請資料には安全性の証拠がひどく欠けていると感じた博士は、科学的に信頼できる証拠の提出を主張し、証拠不充分として申請を承認しませんでした。

　約 1 年後、ドイツとオーストラリアの研究者らは、サリドマイドと肩や腰から手足が突き出る原因が不明だった重度の先天異常[1]の集団とを関連づけ、最終的には数千人の乳児に関与していることが判明しました。この薬は米国では販売されていませんでしたが、ここで起きた大惨事の影響により、薬物修正法案が通過しました。

　なお、サリドマイドによって誘発される重度の催奇形性は、この薬の光学異性体が原因であることや、その感受性はヒトやサル、ウサギで高く、マウスやラットでは低いことが判明しました。現代の医薬品の催奇形性試験では、マウス、ラットのほか、ウサギが使用されています。

---

[1] 胎児の身体の各器官が作られる、妊娠の初期 3 か月間にサリドマイドを飲むと、胎児の身体 の発達を妨げます。薬を飲む時期によって異なりますが、①手足の障害、②耳と顔面の障害、③内臓の奇形が報告されています。

第 6 章

日本の食の安全を守るために

introduction

この章では、食品安全基本法[1]を概説し、わが国の食の安全を守るための内閣府食品安全委員会（FSC：food safety commission）[2]の役割について説明します。

https://www.fsc.go.jp/iinkai/

1 食品安全基本法[1)]

　「国民の健康の保護が最優先」という基本理念を定める、食品安全基本法が2003年5月16日に成立[*1]しました。この法律は、食品安全行政[*2]にリスク分析の考えを導入し、食品安全委員会[2)]を内閣府に置くと定めています。

　食品安全委員会とは、リスク管理行政機関（厚生労働省や農林水産省、消費者庁）から独立して、科学的知見に基づく、食品が健康に与える影響について客観的かつ中立公正な評価を実施するおもな役割を担います。本法の第1～2章の概要[3)]は、以下の通りです。

① 目的（第1条）と基本理念（第3～5条）

　安全性の確保に関し、基本理念を定め、関係者の責務および役割を明確にし、施策の総合的な推進を目的とします。

　国民の健康の保護が最も重要であるとする基本的認識のもと、食品供給行程の各段階において、国際的な動きやその方向性、ならびに国民の意見から、科学的な方法論に基づき得られた知識や見識（科学的知見）から、安全性の確保のために必要な措置を講じます。

② 関係者の責務・役割（第6～9条）

　国は「食品の安全性の確保に関する施策」を総合的に、地方公共団体は「国との適切な役割分担を踏まえた施策」を策定し、実施します。食品関連事業者は、国または地方公共団体が実施する食品の安全性の確保に関する施策に協力する責務があります。また、事業者は、自社の商品が「安全性を確保されたものである」責任を認識し、適切な措置や正確な情報の提供に努める必要があります。消費者は食品の安全性の確保に関し、知識と理解を深め、行政の施策についての意見表明に努め、積極的な役割を果たすものとしています。

＊1　公布：同年5月23日、施行：同年7月1日
＊2　右の2つの図は、「厚生労働省、食の安全のための仕組み、https://www.mhlw.go.jp/topics/bukyoku/iyaku/syoku-anzen/dl/pamph01_03.pdf」を参考に作成。

1 食品安全基本法

食の安全への取り組みと食品衛生行政の展開[*2]

食の安全への取り組み（リスク分析）

リスク評価

食品安全委員会
- リスク評価の実施
- リスク管理を行う行政機関への勧告
- リスク管理の実施状況のモニタリング
- 内外の危害情報の一元的収集・整理　など

食品安全基本法

リスク管理

厚生労働省
- 検疫所
- 地方厚生局
- 地方自治体 保健所　など

食品の衛生に関するリスク管理

食品衛生法　など

農林水産省
- 地方農政局
- 消費技術センター　など

農林・畜産・水産に関するリスク管理

農薬取締法
飼料安全法　など

消費者庁

食品の表示に関するリスク管理

食品衛生法
健康増進法　など

リスクコミュニケーション
- 食品の安全性に関する情報の公開
- 消費者等の関係者が意見を表明する機会の確保

食品衛生行政の展開

食品安全委員会（リスク評価）
　関係行政機関相互の密接な連携

農林水産省・消費者庁（リスク管理）

厚生労働省（リスク管理）
　施策の実施のための相互連携

関係者相互間の情報および意見の交換の促進（リスクコミュニケーション）

消費者庁
消費者委員会
総合調整　など

都道府県、保健所設置市、特別区
（47都道府県）（69市）（23特別区）

保健所（495ヶ所）

地方厚生局（7ヶ所）

検疫所（32ヶ所）

輸入食品の監査指導

住民からの意見の聴取／施策の実施状況の公表
国民からの意見の聴取／施策の実施状況の公表

① 営業許認可
② 立入・監視指導
③ 収去検査
④ 検査命令
⑤ 食中毒等調査
⑥ 苦情等の相談窓口
⑦ 食品衛生の普及啓発

申請・相談
ハサップ施設の承認・検査等
登録（取消）監査指導
登録検査機関
検査依頼

① モニタリング検査等
② 検査命令
届出・相談

輸入食品等

消費者 ← 安全な食品の供給 → 食品等事業者

※平成24年7月時点

施策の策定に係る基本的な方針 (11～21条)

1) 食品健康影響(リスク)評価

　施策の策定にあたっては、原則として「リスク評価」を実施します。緊急時は、暫定的に施策を策定し、その後遅滞なく、リスク評価を実施します。評価は、その時点の水準の科学的知見に基づいて、客観的かつ中立公正に実施します。

2) リスク管理

　国民の食生活の状況等を考慮し、食品健康影響評価の結果に基づいた施策・策定を実施します。

3) 情報および意見交換(リスクコミュニケーション)

　意見を述べる機会の付与、その他の関係者相互間の情報・意見交換を促進します。

4) 緊急の事態への対処等に関する体制の整備などを行います。

5) 関係行政機関が相互に密接に連携し、施策の策定を行います。

6) 試験研究体制の整備などを行います。

7) 国の内外の情報の収集、整理および活用などを行います。

8) 表示制度の適切な運用の確保などを行います。

9) 食品の安全性の確保に関する教育、学習などを行います。

10) 環境に及ぼす影響に配慮します。

11) 措置の実施に関する基本的事項の決定および公表

　政府は、措置の実施に関する基本的事項(食品健康影響評価の実施、緊急事態等への対処に関する事項等)を定めます。内閣総理大臣は食品安全委員会の意見を聴いて、基本的事項の案を作成し、閣議決定を求めます。

食品安全基本法

施策の策定に係る基本的な方針(11〜21条)

①食品健康影響(リスク)評価
②リスク管理
③情報および意見交換(リスクコミュニケーション)
④緊急の事態への対処等に関する体制の整備など
⑤関係行政機関が相互に密接に連携、施策の策定
⑥試験研究体制の整備など
⑦国の内外の情報の収集、整理および活用など
⑧表示制度の適切な運用の確保など
⑨食品の安全性の確保に関する教育、学習など
⑩環境に及ぼす影響に配慮
⑪措置の実施に関する基本的事項の決定および公表

リスク分析は、次の3つの要素で構成されています。
①リスク評価、②リスク管理、③リスクコミュニケーション

リスク評価は、次の4段階で行います。
1) 危害要因の特定
2) 危害要因の特性評価
3) ばく露評価(摂取量推定)
4) リスク判定

3 内閣府食品安全委員会[2] その1

　食品安全基本法によって、リスク管理機関から独立して、科学的知見に基づき、客観的かつ中立公正な食品健康影響評価（リスクアセスメント）を実施する食品安全委員会が設置されました。

①食品安全委員会の基本姿勢[4]

　創設から18年が経過して、社会情勢は大きく変わり、人びとの安全な食への認識や関心がますます多様化している状況のもと、食品安全委員会は、以下の基本姿勢を2021年9月に公表しました。

　食品安全委員会は、食品の安全性確保において「国民の健康保護が最も重要である」という基本的認識のもとに、リスク評価およびリスクコミュニケーションを行います。

②リスク評価

　食品の安全性を確保するために、利用可能な最新の科学的知見にもとづいた情報のもとで適切に、一貫性、公正性、客観性および透明性をもってリスク評価を行い、評価内容を明確に文書化します。

　国際的リスク分析におけるリスク評価の4つの段階：1)ハザード（危害要因）の特定、2)ハザードの特性評価、3)曝露評価、4)リスクの判定、を基本とします。

　普段食べている食品の種類や量などは国によって違いますので、リスク評価は日本の現状を考慮した現実的なハザードの摂取（曝露）の状況に基づき行います。

＊1　食品安全委員会、リスク評価について、https://www.mhlw.go.jp/file/06-Seisakujouhou-11130500-Shokuhinanzenbu/0000172342.pdf を参考に作成

3 その1 (11〜21条)

リスク評価の流れ[*1]

リスク評価は次の4ステップで行います

① ハザードの同定　化学的、生物学的、物理的要因?‥

② ハザード特徴付け　どのような影響? 確率は?‥

③ 曝露評価（摂取量推定）　どのくらい摂取? 経路?‥

④ リスク判定　総合的に、リスクは?

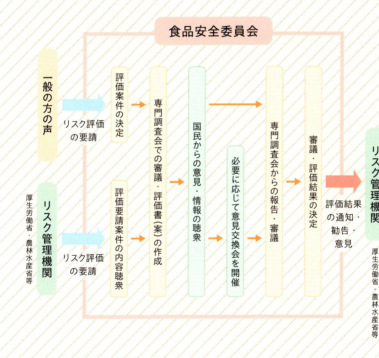

内閣府食品安全委員会　その2

① リスク管理者との関係

　　リスク評価をリスク管理とそれぞれの機能から明瞭に分離し、独立性を確保しつつ評価を行います。右の図に食品安全委員会と他の省庁との関係を示します。

② リスクコミュニケーション

　　リスク評価や発信する情報は、国民の食品に対する理解やより良い行動変容に貢献する内容とします。フードチェーンの各段階において関わるすべてのステークホルダーと情報（科学的根拠を示せるもの）を共有し、意見を交換し、その結果を必要に応じて活動に反映させます。

③ 国際協調

　　国際的なリスク評価機関と情報や意見を交換し、日本からも食品のリスク評価に関する情報発信や国際的な食品のリスク評価への貢献を進めます。具体的にはCACへ科学的助言を行う国際的専門家会議[*1]（たとえば、JMPR、JECFA、JEMRAなど）やリスク評価機関[*2]（EFSA、BfRなど）で実施されたヒトの健康保護に関する情報を考慮します。

④ 緊急時における対応

　　食品の安全性の確保に関し重大な被害が生じ、または生じるおそれがある緊急の事態において、国の行政機関の試験研究機関に対し、食品健康影響評価に必要な調査、分析または検査を実施すべきことを要請することができます。

⑤ 組織等

　　互選による委員長以下、7名で構成され、内3名は非常勤です。

---

*1　残留農薬に関するFAO/WHO合同会議（JMPR），食品添加物に関するFAO/WHO合同専門委員会（JECFA），微生物のリスク評価に関するFAO/WHO合同専門家会議（JEMRA）

*2　ドイツ連邦リスク評価研究所（BfR: Bundesinstituts für Risikobewertung）

*3　食品安全委員会、食の安全を科学する、http://www.fsc.go.jp/iinkai/ を参考に作成

4 内閣府食品安全委員会 その2（11～21条）

食品安全委員会の構成と役割[*3]

内閣府
消費者および食品担当大臣
- 食品の安全性確保を図る上で必要な環境の整備など

食品安全委員会
- リスク（食品健康影響）評価
- リスクコミュニケーションの実施
- 緊急事態への対応

情報収取・交換 ⇔ **諸外国・国際機関等**

関係行政機関

消費者庁
- 食品安全基本法の「基本的事項」の作成
- リスクコミュニケーションの実施・全体調整
- 緊急事態への対応・全体調整

食品表示
- 特定保健用食品の表示許可

リスクコミニュケーション
関係者相互間の幅広い情報の共有や意見の交換

消費者等　　　　　　　　　　　　　　　　事業者等

環境省
環境汚染に関するリスク管理
- 土壌等の規制
- リスクコミュニケーションの実施
- 緊急事態への対応

農林水産省
農林水産物に関するリスク管理
- 生産資材の安全性確保や規制等
- 農林水産物にの生産、流通および消費の改善活動を通じた安全性確保
- リスクコミュニケーションの実施
- 緊急事態への対応

厚生労働省
食品衛生に関するリスク管理
- 添加物の指定、農薬等の残留基準や食品加工、製造基準の策定
- 食品の製造、流通、販売等に係る監視、指導を通じた食品の安全確保
- リスクコミュニケーションの実施
- 緊急事態への対応

食品安全委員会
互選による委員長以下、7名で構成、3名は非常勤

委員長　　　　　　　　　非常勤

専門調査会等（16調査会・専門委員 約200名：委員名簿）
専門調査会：企画等専門調査会＋危害要因毎、1の専門調査会。
他、特定の分野について集中的に審議を行うWGを設置。

事務局（事務局長・次長、4課1官）
- 総務課、
- 評価第一課
  ・農薬評価室
  ・評価技術企画室
- 評価第二課
- 情報・勧告広報課
- 評価情報分析官

85

Column

消費者委員会

❶ 消費者委員会の設置
　消費者委員会は、独立した第三者機関として、おもに以下の機能を果たすことを目的として、平成21年（2009年）9月1日に内閣府に設置されました[5]。

- 各種の消費者問題について、自ら調査・審議を行い、消費者庁（外局）[*1]を含む関係省庁の消費者行政全般に対して意見表明（建議等）を行います。
- 内閣総理大臣、関係各大臣または消費者庁長官の諮問に応じて調査・審議を実施します。

❷ 消費者委員会の構成
　内閣総理大臣が任命した委員（10人以内）で組織されています。また、必要に応じ臨時委員、専門委員を置くことができます。消費者問題にかかわる広範な専門分野にわたり多数の事項を審議する必要があることから、消費者委員会本会議のほか、新開発食品調査部会、食品表示部会、公共料金等専門調査会などの部会・専門調査会等を設置して調査審議を行います。

[*1] 消費者行政の司令塔となる組織は消費者庁[6]です。以下の機能があり、特定保健用食品、機能性表示食品の担当省庁でもあります。
- 情報を一元的に集約し、調査・分析を行います。
- 迅速に発信し、注意喚起を行います。
- 法制度の企画立案を行います。
- 消費者に身近な諸法律を所管・執行を行います。

第 7 章

EFSA における食品ヘルスクレーム

introduction

前章までは安全性の観点から、食品関連のリスクより消費者を守るための法律や仕組みについて説明しました。第7章からは、食のもつ栄養成分の機能をうたうことに関する規則や制度について説明します。この章では、EFSA における食品ヘルスクレーム[1]について説明します。

https://www.efsa.europa.eu/en/topics/topic/health-claims

ヘルスクレームとは？

　ヘルスクレーム（栄養・健康強調表示）[1]とは、栄養強調表示ならびに健康強調表示のことをいいます。EU域内で販売される食品のラベルや広告にヘルスクレームが掲げられることが増えています。

　栄養強調表示とは、食品に有益な栄養特性があることを表示または示唆するものです。「低脂肪」「砂糖無添加」「オメガ3脂肪酸の供給源」「食物繊維が豊富」などの表示が該当します。健康強調表示とは、ある食品を摂取することで健康上のメリットが得られることを示すものです。ある食品が身体の自然な防御力を強化したり、学習能力を高めたりする効果があるとする表示が該当します。

　食品を購入するときに、付加価値を求めている消費者にとってヘルスクレームは重要な情報源です。製造販売者にとっても付加価値であるヘルスクレームは、重要なマーケティング・ツールとなります。そのため、ヘルスクレームの内容が消費者に誤解を与えるもの（「この食品を食べれば病気が治る」といった内容）であったり、製造販売者がヘルスクレームを使って意図的に消費者を操作する可能性を懸念して、規制の強化が求められ、2006年に「食品に表示される栄養および健康強調表示に関する規則」[2]が制定されました。

　この、いわゆる「クレーム規制」は、食品に関するリスクから消費者を高レベルで保護することを保証するものです。私たちが健康を維持するための必須条件である、バラエティに富み、バランスの取れた食生活のためにも、ヘルスクレームは消費者の誤解を招くものであってはなりません。この規則の重要な目的は、EU域内の食品ラベルに記載されるいかなるヘルスクレームであれ、正確で、真実であり、理解しやすく、科学的根拠があることを保証します。

＊1　厚生労働省、「乳及び乳製品の成分規格等に関する省令」（厚生労働省）、https://laws.e-gov.go.jp/law/326M50000100052

1 ヘルスクレームとは？

ヘルスクレーム（栄養・健康強調表示）とその評価

第1基準

☐ 食品／関与成分の定義はされていますか？

乳製品には低脂肪など、さまざま規格があります

例）低脂肪牛乳
成分調整牛乳であって、乳脂肪分を除去したもののうち、無脂肪牛乳以外のもの。成分規格は「無脂乳固形分：8.0％以上」「乳脂肪分：0.5％以上1.5％以下」*¹

ヨーグルトには定義（L.ブルガリクスとL.サーモフィルスの2種類の乳酸菌で乳を発酵させたもの）があります。

第2基準

☐ クレームの効果は明確ですか？

効果の表現には、"体重減少"、"体型を整える"、"体重減少を補助する"などがあります。

☐ どんな証拠がありますか？

結論
☐ 問題なし。（十分な証拠あり）
☐ 問題あり。（いくつかの証拠はあるが、説得力に欠けたり、貧弱な証拠だったり）

2 ヘルスクレームにおける EFSA の役割

一般的機能の健康強調表示

　2006 年の「食品に表示される栄養および健康強調表示に関する規則」[2] すなわち、EU 規則第 13.1 条に基づく一般的機能の健康強調表示（疾病リスクの軽減、子どもの発育と健康に関するものは除く）[3]制定後、44,000 件を超えるヘルスクレームが EU 加盟国から EC に提出され、EFSA によって 4,637 のクレームからなる最終リストに統合されました。そのリストは、質問登録簿（register of questions）とアクセスデータベースの両方で見ることができます[3]。

　EFSA がヘルスクレームを EC に差し戻す際には以下の 6 つの基準を用いました[4]。

1）適用範囲や対象範囲の明確化が必要なクレーム（例：リスク軽減に言及したもの、子どもの発育や健康に言及したもの、あるいは医薬品のような宣伝文句など）。
2）健康との関係が明確でない一般的なクレーム（例：加齢に抗する活力を維持するための化合物 X の補充など）。
3）あまりに漠然とし、その効果が特定／測定できないクレーム（例：化合物 X は「エネルギーや一般的な活力を維持するのに必要である）。
4）特定が不充分な食品や使用条件の規定が不充分な食品。
5）組合せ成分が充分に定義されていない食品。
6）英語以外の言語で書かれたクレームは、翻訳のために返送されます。EFSA は翻訳を依頼された場合、その検証のため、翻訳したクレームを加盟国に返送します。

2 ヘルスクレームにおけるEFSAの役割

3 疾病リスク軽減、子どもの発育または健康に関する表示 5)

　2008年8月、EFSAはEU規則第14条に基づくヘルスクレームに関する最初の一連の意見を発表しました。ヘルスクレームの申請書はEU加盟国の所轄官庁からEFSAに提出され、その後EFSAは、申請書の作成と提示のためのガイダンス文書に従って、申請書の完成度チェックを行います。ガイダンスには以下の項目が含まれています。

・形式：構造化された申請書の場合
・内容：必要な情報とデータ／任意
・立証の基準：健康強調表示を立証するために取り組むべき主要事項

　チェックの目的は、申請者による第14条の認可申請書の作成と提示を支援することです。EFSAはチェックの実施後、5か月以内に意見を提出することが義務付けられていますが、評価段階で申請者からの補足的な情報が必要な場合は、さらに2か月間評価期間を延長することができます。EFSAの意見は、提案されたヘルスクレームの科学的立証に関する情報をECと加盟国に提供し、加盟国はその後、そのクレームを認可するかどうかを決定します。

　EFSAに提出された第14条の申請は、食品物質と主張される効果の表示とともに質問登録簿に記載されます。パネルは現在までに268件の申請を受理し、103件の申請が取り下げられ、これまでに75件の科学的意見が採択されています（2024年4月22日現在）。

※写真はイメージです

3 疾病リスク軽減、子どもの発育または健康に関する表示

ヘルスクレーム認可までの流れ

ガイダンス文書
- **形式**：構造化された申請書の場合
- **内容**：必要な情報とデータ／任意
- **立証の基準**：健康強調表示を立証するために取り組むべき主要事項。

ヘルスクレームの申請書

EU加盟国の所轄官庁
↓ 提出

EFSA
EFSAは5か月以内に意見を提出（義務）
※評価段階で申請者からの補足的な情報が必要な場合は、さらに2か月間評価期間を延期できる．

↓ 提供

ECと加盟国
そのクレームを認可するかどうか決める

EFSAがヘルスクレームを差し戻す際の6つの基準
1) 適用範囲や対象範囲の明確化が必要なクレーム
2) 健康との関係が明確でない一般的なクレーム
3) あまりに漠然とし、その効果が特定／測定できないクレーム
4) 特定が不充分な食品や使用条件の規定が不充分な食品
5) 組合せ成分が充分に定義されていない食品
6) 英語以外の言語で書かれたクレームは、翻訳のために返送

4 栄養プロフィールの設定

　栄養プロフィール(NP: nutrient profile)とは、食品中に含まれる特定の栄養成分(nutrient)の量を科学的に評価し、その食品の栄養面での価値や品質を表現(profiling)するものです。EU規則第4条[2)]では、栄養および健康強調表示を行う食品は一定の栄養要件、いわゆる「NP」を満たしていなければならないと定めています。NPは、健康的な食生活を選択するための指針として消費者が、その総合的な栄養価について誤解しないようにすることに役立ちます。

　ECの要請を受け、NDAパネルは、NPに関する科学的助言を行いました[6)]。その内容は、栄養学的に適切な食事に関するヒト研究のシステマティックレビューとメタアナリシスを含み、過去のEFSA意見、およびEU加盟国が食品に基づく食事ガイドラインと関連する栄養素／食品摂取勧告の文脈で設定した優先事項に基づいています。NDAパネルは、PubMedで包括的に関連する出版物を検索しました。対象栄養素は、EU加盟国の大半で過剰または不十分な消費が想定されるものでした。飽和脂肪酸、ナトリウム、加糖／遊糖は、その大多数のEU加盟国において推奨量を上回る過剰摂取で、食物繊維とカリウムは不足していました。これらの過剰摂取と摂取不足は、健康への悪影響と関連しているため、NPモデルに含められました[7)]。エネルギー摂取量も公衆衛生上重要であるため、NPモデルに含めました。脂肪はエネルギー密度が高いため、ほとんどの食品群では総脂肪がエネルギーに置換できる可能性があります。なお、n-3LC-PUFAs(長鎖多価不飽和脂肪酸)のように公衆衛生上の重要性以外の理由(ほかの重要栄養素の代用)からNPモデルに含めたものもあります。

4 栄養プロフィールの設定

NDA パネルと栄養プロフィール（NP）

NDA パネル　〜NP に関する科学的助言

内容
栄養学的に適切な食事に関するヒト研究のシステマティックレビューとメタアナリシス
過去の EFSA 意見
EU 加盟国が食品に基づく食事ガイドラインと関連する栄養素／食品摂取勧告の文脈で設定した優先事項に基づく

NDA パネルの取り組み

①**PubMed で包括的に関連する出版物を検索**
→対象となった栄養素は、EU 加盟国の大半で過剰または不十分な消費が想定されるものだったため。

②**EU 加盟国の状況**
過剰摂取だった栄養素（推奨量を上回る）
飽和脂肪酸、ナトリウム、加糖／遊糖
不足していた栄養素
食物繊維とカリウム
→健康への悪影響と関連している

③**NP モデルに含めたもの**
- 飽和脂肪酸、ナトリウム、加糖／遊糖
- 食物繊維とカリウム
- エネルギー摂取量

※脂肪
エネルギー密度が高く、総脂肪がエネルギーに置換できる可能性がある。公衆衛生上の重要性以外の理由（他の重要栄養素の代用）から含めたものもある (n-3LC-PUFAs（長鎖多価不飽和脂肪酸）)

栄養プロフィール（NP）

- 食品中に含まれる特定の栄養成分（Nutrient）の量を科学的に評価し、その食品の栄養面での価値や品質を表現（Profiling）するもの。
- 栄養および健康強調表示を行う食品は一定の栄養要件、いわゆる「NP」を満たしていなければならない（EU 規則第 4 条）
- 消費者が、食品の栄養価を誤解しないよう防ぐ

5 評価が保留された植物性食品ならびに微生物に関するクレーム

　2010年9月、EFSAは、ECの植物やハーブの健康強調表示の評価を継続することは不可能との決定を受け、植物性食品の健康強調表示評価の中止を要請し、すでに評価された多くの植物性食品とともに、1,548クレーム[8]評価を保留としました。

　植物やハーブのなかには、伝統的生薬製剤と食品のどちらにも含まれることがあるので、同じ物質について、生薬製剤製造者が示す「治療上の効能」と食品製造者が示す「栄養・健康強調表示」が類似する可能性が生じます。その物質が、食品に含まれるか、医薬品に含まれるかで扱いが異なり、その結果、植物やハーブ市場に差別が生じ、消費者に混乱を招く可能性が生じます。この問題への対処には、より多くの時間が必要になるため、保留とされました。

　また、微生物に関するいくつかのクレームの検討も中断されました。これらのクレームが充分に特徴づけられていないと結論し、因果関係についても結論を出すには証拠が不充分として、保留となりました。クレームの許可は科学的評価が最初の要件で、EFSAはその評価において、以下の3つの要素に着目しました。

1) 主張する効果の対象（食品、物質）を科学的評価のために充分に定義できるかどうか。
2) 主張される効果が本当に健康に有益かどうか。
3) EFSAが適切と考える研究によって、食品と主張される効果との間に因果関係を立証することができるかどうか。

5 評価が保留された植物性食品ならびに微生物に関するクレーム

ハーブは薬？食品？

- 植物やハーブのなかには、伝統的生薬製剤と食品のどちらにも含まれることがあります。
- 伝統的に食品と薬を完全に分離できない現実があります。同じ植物やハーブでも、食事の一部として摂取するときは食品、疾病に対して処方するときは薬となります。

Column

公正で健康的、かつ環境に優しい食料システムのために

　ECが栄養・健康強調表示やNPモデルの次にあげる政策は、欧州グリーン・ディール[9]です。気候変動と環境悪化を克服するため、近代的で資源効率に優れ、競争力のあるEU経済の変革が目的です。

1) 2050年までに温室効果ガスの純排出量をゼロにする
2) 資源利用から切り離された経済成長
3) 誰ひとり取り残さない

の3つを目標に、次世代EU復興計画の1兆8,000億ユーロの投資とEUの7年間予算の3分の1の予算が充てられています。

　その中核をなす農場から食卓へ（farm to fork）戦略[10]は「公正で健康的、かつ環境に優しい食料システムの実現」を目指し、すべてのステークホルダーに利益をもたらす以下の目標を掲げています。

・環境に中立またはプラスの影響を与える
・気候変動を緩和し、その影響に適応する
・生物多様性の損失を抑制する
・食糧安全保障、栄養、公衆衛生を確保し、すべての人が充分で安全、栄養価の高い持続可能な食糧の入手を可能にする
・より公正な経済的リターンを生み、EUの供給部門の競争力を育成し、公正な貿易を促進しながら、食料の値ごろ感を維持する

　この戦略では、規制と非規制の両方のイニシアチブを掲げており、農業政策と漁業政策を公正な移行を支援するための重要な手段としています。

NOTE

事例研究1

　ヘルスクレームのホームページ[1]に、規則 (EC) No 1924/2006 の第13条(1) に基づいて申請された10題の健康強調 (主張) 表示に対するNDAパネルによる科学的見解が記載されています。内訳は、微生物 (おもに乳酸菌やビフィズス菌) 関連が8題、ならびに、オリーブのポリフェノールおよび大豆のイソフラボンが各1題です。いずれに対してもNDAは「申請された食品成分の摂取と提案された健康 (クレーム) 効果との因果関係は確立されていない」と結論付けています。

　乳酸菌やビフィズス菌の健康効果を標榜する日本国内の市場の視点からは、多少違和感があります。しかし、主張内容をみると、効果を発現する申請微生物の同定が充分ではないもの、$CD34^+$ 細胞の減少やIL-10産生細胞の増加、ナチュラルキラー細胞の活性の増強といった主張された生理学的効果が、必ずしもヒトにとって有益であると立証されていない事象があります。また、主張されている効果が一般的かつ非特異的であることや、ヒトでの症例がないこともありました。

　オリーブ由来のポリフェノールについては、再審査に必要な科学的証拠が提出されなかった、とされています。

　以上から、微生物 (おもに乳酸菌) やポリフェノールに健康効果がないと結論されているのではなく、事業者の申請内容が科学的根拠としては不充分だったり、申請書類に不備があったり、というような評価以前の問題点にNDAの結論が起因していると思われます。

NOTE

▶ 事例研究 2

疾病リスクの軽減、子どもの発育または健康に関するクレームの頁[5]に、規則 (EC) No 1924/2006 の第 14 条に基づいて申請された 10 題のクレームに対する NDA パネルによる科学的意見が記載されています。うち 4 題〔1) ラクトバチルスと感染性乳房炎、2) 砂糖不使用の硬い菓子とう蝕、3) 商品名 Condensyl® と男性不妊症、4) 商品名 Nutrimune® と免疫防御〕は「申請された食品成分の摂取と主張された効果 (疾病リスクの軽減) との因果関係は確立されていない」と結論されています。

一方、評価された 6 題についてみると、以下のようになります。

- ビタミン C の摂取は、DNA、タンパク質、脂質の酸化的損傷から保護する。
- カルシウムの摂取は、骨の正常な発育に寄与する。
- ビタミン E の摂取は、DNA、タンパク質、脂質の酸化的損傷から保護する。
- 鉄分の摂取は、免疫システムの正常な機能に寄与する。科学的根拠を反映すると「鉄は免疫系の正常な機能に寄与する」。
- ビタミン D の摂取は、骨と歯の正常な発育に寄与する。
- ヨウ素の摂取は、正常な認知機能の発達に寄与する。

これらのように、ある意味常識的な表示について「申請された食品成分の摂取と提案された健康 (クレーム) 効果との因果関係が確立されている」と結論されています。

第 **8** 章

サプリメントを評価する
── 米国

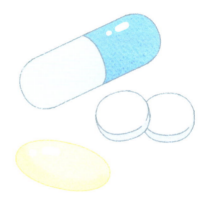

introduction

この章では、米国の栄養表示教育法［NLEA：nutrition labeling and education act (1990)］[1] ならびに補助食品健康教育法［DSHEA：dietary supplement health and education act (1994年)］[2] について説明します。

https://www.fda.gov/food/dietary-supplements

1 栄養表示教育法（NLEA）[1]

　この法律は、栄養補助食品形状の加工食品や生鮮食品を含むすべての食品を対象としています。連邦食品・医薬品・化粧品法〔FD&C法：Food, Drug, and Cosmetic Act（1938年）〕に改訂を加え、1990年に成立しました。すべての包装食品のラベルに、栄養成分に関する情報を記載することを義務化し、食品成分パネル、分量、「低脂肪」「ライト」等の用語も標準化しました。

　栄養成分強調表示に加えて、ヘルスクレーム（栄養・健康強調表示）制度を世界に先駆けて導入し、食品やその成分と身体の構造、機能との関係、疾病リスク低減表示を可能にしました。食品と健康強調表示との関連性については「明確な科学的同意（SSA：significant scientific agreement）[3]」が求められ、事前に米国食品医薬品局（FDA）による承認が必要です。右の表に承認された健康強調表示[3]を示します。

　さらに、食品関連法のなかで初めて教育（education）という言葉が用いられている特徴があります。FDAは教育法の観点から、消費者が摂取する食品に関し、科学的に検証された情報を消費者ならびに食品業界に提供することをうたっています。2013年1月に発表された業界向けガイダンス[4]では「規制は頻繁に変更されるので、食品表示に関する法的要求事項について最新情報を把握することは食品業界の責任である」とくぎを刺しています。事実、後述のように食品表示や教育関連事項などは繰り返し更新や新開発が行われています。

※写真はイメージです

1 栄養表示教育法（NLEA）

承認された健康強調表示[3)]

連邦規則集 21CFR Part No.	規定内容
101.14	ヘルスクレームの一般要件
101.72	カルシウム、ビタミンDと骨粗しょう症のリスク
101.73	脂質（脂肪）とガンのリスク
101.75	飽和脂肪とコレステロールと冠状動脈性心疾患リスク
101.80	食事由来の非う蝕性炭水化物甘味料と虫歯のリスク
101.76	繊維を含む穀物加工品、果実、野菜とガンのリスク
101.79	葉酸と神経管障害のリスク
101.78	果実、野菜とガンのリスク
101.77	繊維、とくに可溶性繊維を含む果実、野菜、穀物加工品と冠状動脈性心疾患のリスク
101.74	ナトリウムと高血圧のリスク
101.81	特定の食品に含まれる可溶性食物繊維と冠状動脈性心疾患リスク
101.82	大豆タンパク質と冠動脈性心疾患リスク
101.83	植物性ステロール／スタノールエステルと冠状動脈性心疾のリスク
101.71	使用が認可されていないヘルスクレーム：食物繊維と心臓血管関連の疾病、亜鉛と免疫機能（高齢者用）
否定された 健康強調表示	アルカリおよびアースアルカリクエン酸と骨粗鬆症のリスク

103

2 食品表示と栄養と教育

　2013 年、FDA は上記の業界向け食品表示ガイド[4]を公表し、2016 年には、包装食品や飲料の栄養成分表示に関する要件を更新[5]しました。その例を右の図に示します。デザインを一新し、情報を更新することで、米国民が生涯を通じて健康的な食生活を送るために、充分な情報を得て、食品選択を容易にすることが目的です。

　栄養成分表示は、ほとんどの調理済み食品に義務付けられています。生の農産物（果物や野菜）や魚の栄養表示は任意です。これらの製品は「従来型（conventional）」食品と呼ばれ、栄養補助食品とは別のカテゴリーになります。栄養成分表示は、食事と肥満や心臓病などの慢性疾患との関連性など、最新の科学的情報を反映しています。栄養成分表示を利用することで、一食分の食品に含まれる栄養素が多いか少ないかを判断するのに役立ちます。

　2023 年に公開された「FDA の栄養に関する取り組み（FDA's Nutrition Initiatives）[6]」では、5 つの重要要素として「減塩」「母子の健康と栄養」「表示とクレーム」「消費者教育」「イノベーション支援」をあげています。ラベル表示と栄養に関するテーラーメイド教育の提供を重要な原則と説明しています。教育キャンペーン "What's in it for you?"[7] は、栄養成分表示の変更についての認識を高め、また、その使用を増加させ、消費者、医療専門家、教育者が健康的な食生活を維持するためのツールとして栄養成分表示を使用する方法を学ぶことを目的としています。

＊1　日当たりの％栄養価（DV）は、1 食分の食品に含まれる栄養素が 1 日の食事に占める割合を示しています。一般的な栄養推奨量では、1 日 2,000 カロリーが使用されています。

2 食品表示と栄養と教育

新栄養成分表示

新栄養成分表示／ここが違います。*¹

3 DSHEA[2]

　栄養補助食品[8]の形態をとる加工食品を対象とした法律です。NLEA 同様 FD&C 法に改訂を加えた形で、1994 年に成立しました。ここでも教育（education）という言葉を用いています。「栄養補助食品」と「栄養成分」を定義し、これらの製品に関する FDA の権限を定めています。

　FDA の規制のもと、事業者の自己責任でその商品が持つ構造／機能表示ができる法律です。ただし、疾病リスク低減表示や疾病名を含む表示等は原則禁止です。疾病の治療などを目的としたものではないことを表示する必要があります。また、FDA が法律や規則に基づき、食品のラベルを事前に承認するわけではないので、健康強調表示は FDA の評価を受けたものではない旨の記載が必要です。右の図に栄養補助食品のラベル表示例を示します。

　栄養補助食品は食事に追加したり、補ったりすることがその目的で、通常の食品、あるいは、食事としての飲食を想定するものではありません。錠剤、カプセル、ソフトジェル、ジェルキャップ、液体、グミ、粉末、バーなど、さまざまな形状があり、ビタミン／ミネラル／植物またはハーブ／植物性化合物／アミノ酸／生きた微生物などが、一般的な内容物です。

　これらの製造過程では、安全性を確保するために、製造、梱包、食品表示、保管に関する適正製造規範（cGMP: current good manufacturing practice in manufacturing）[9] に従う必要があります。

3 DSHEA

栄養補助食品のラベル表示例

Supplement Facts

Serving Size 3 capsules
Servings Per Container 30

Amount per serving	% Daily Value
Asian Ginseng Extract 1.35g (root) (standardized to contain 10% ginsenosides, 135 mg)	*

* Daily Value not established.

Other ingredients: Maltodextrin, microcrystalline cellulose and silicon dioxide.

Manufactured for Neurodyn Inc. 550 University Ave. Charlottetown, PE, C1A 4P3 Canada 1.855.312.5530

商　品　名

Dietary Supplement

Supports cognitive function, mental performance and enhances physical capacity.

These statements have not been evaluated by the Food and Drug Administration. This product is not intended to diagnose, treat, cure, or prevent any disease.

TWICE DAILY
NPC

90 capsules
www.neuropro.co

この記述はFDAによる評価を受けていません。本製品は、いかなる疾病の診断や治療、治癒、予防を意図したものではありません。

Directions: Adults take 3 capsules twice daily with meals or as directed by your health care practitioner. Consult a health care practitioner prior to use if you have diabetes, are taking blood thinners or digoxin, or are taking antidepressant medications. Do not use if pregnant or breastfeeding.
Warning: Consult a health care practitioner for use beyond 3 months. Some people may experience insomnia, anxiety or headaches, in which case discontinue use. Do not use if safety seal is broken. Keep out of reach of children. Store at 15-30 ºC.

バーコード

107

4 栄養補助食品の利点と問題点 10)

　健康増進と疾病予防における栄養の大切さと栄養補助食品の有益性を示す科学論文が増えています。臨床研究により、植物性食品の比率が高く、脂肪、飽和脂肪、コレステロール、ナトリウムの少ない食事など、健康的な食生活を送るだけでいくつかの慢性疾患は、予防できることが示されています。

　健康補助食品は、全身の健康状態の改善や維持に役立つほか、必須栄養素の1日の必要量を満たすのに役立つものもあります。たとえば、カルシウムやビタミンDは、丈夫な骨を作るのに役立ちます。特定の栄養素や栄養補助食品の摂取と、がん、心臓病、骨粗しょう症などの慢性疾患の予防との間に関連性が認められています。

　しかし、栄養補助食品は有益ですが、健康的な食生活に重要なさまざまな食品の代わりにはなりません。その摂取にリスクを伴う場合もあります。体内で強い作用を発揮する成分が含まれている可能性があるため、悪い反応や副作用（有害事象とも呼ばれる）の可能性に常に注意が必要です。

　栄養補助食品の摂りすぎやほかの製品との併用、薬（処方薬または市販薬）との併用、薬の代替として摂取すると、健康問題が起こる可能性があります。体への悪影響は、軽度のものから生命を脅かすような重篤なものまであり、発疹、疲労、重度かつ持続的な嘔吐や下痢、排尿困難、重度の関節痛や筋肉痛、胸痛、脳卒中などが含まれます。米国において、このような症状を経験した時は、FDAに報告することが求められます 11)。

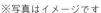
※写真はイメージです

4 栄養補助食品の利点と問題点

健康補助食品の利点と注意点

利点

- 全身の健康状態の改善や維持に役立つ
- 必須栄養素の1日の必要量を満たす（カルシウムやビタミンDなど）
- 特定の栄養素や栄養補助食品の摂取と、慢性疾患の予防との間に関連性が認められる

注意点

- 健康的な食生活に重要なさまざまな食品の代わりにはならない。
- 体内で強い作用を発揮する成分や副作用（有害事象とも呼ばれる）の可能性
- 栄養補助食品の摂りすぎ
- ほかの製品との併用、薬（処方薬または市販薬）との併用、薬の代替として摂取することは控える

※米国において、摂取後、次の症状が現れた場合には、FDAへの報告が求められる。
発疹、疲労、重度かつ持続的な嘔吐や下痢、排尿困難、重度の関節痛や筋肉痛、胸痛、脳卒中など

5 DSHEA[12)] 制定の背景

　DSHEA制定当時、連邦政府は米国民の健康状態改善が最優先課題との立場から、栄養補助食品に関して、下記の分析を行いました。

　医療費の支出は1兆ドル（国民総生産の約12%）を超える見込みで、増加の一途をたどっていました。将来と経済的発展のためにも、医療費のこれ以上の増大を抑え、削減するための取り組みが必要でした。良好な健康状態と健康的な生活習慣は、医療費の削減や寿命の延長につながると考えました。

　国民調査では、消費者は新しい医療サービスを重視し、国民の約50%が栄養補助食品を定期的に摂取していました。同食品の年間総売上高は400億ドル以上に達し、貿易収支は一貫してプラスでした。

　連邦政府は、安全ではない製品や不純物が混入した製品に対しては迅速な措置をとる必要があります。そのためには、安全な製品や消費者への正確な情報の流れを制限したり遅らせたりする規制障壁は取り除くべきで、栄養と長期的健康を結びつける情報発信が必要であり、そのためにも栄養補助食品に関する科学的研究データに基づいて、消費者は予防医療プログラムの選択権をもつべきであると考えました。また、栄養補助食品は幅広い摂取範囲において安全であり、安全性の問題は比較的稀で、消費者の健康を促進するためには、消費者が安全な栄養補助食品を入手する権利を保護する立法措置も必要です。

　制定当時、連邦政府は、このように栄養補助食品制度の導入に関して前向きで、安全性についても肯定的で、政府による合理的な枠組みの確立が必要と考えていました。

＊1　DSHEAは、わが国の機能性表示食品制度が手本とした制度ですが、米国でこの法律の対象は加工食品（栄養補助食品の形態をとるもの）です。一方、日本では、機能性表示食品制度の対象は食品全般（形態に関わらない）です。どちらも企業の責任に重きを置いた制度ですが、対象が限定されている方が教育や規制が徹底しやすいように思われます。

DSHEA 制定当時の方針

DSHEA 制定当時
- 連邦政府は、栄養補助食品制度の導入に関して前向き
- 安全性についても肯定的
- 政府による合理的な枠組みの確立が必要と考えていた

当時の米国の国民調査
- 国民の約50%が栄養補助食品を定期的に摂取していた
- 栄養補助食品の年間総売上高は400億ドル以上に達し、貿易収支は一貫してプラス

⬇

栄養と長期的健康を結びつける情報発信が必要

そのためにも…
栄養補助食品に関する科学的研究データに基づいて、消費者は予防医療プログラムの選択権をもつべきであると考えていた

6 栄養補助食品に関する教育的取組み

　2022年、FDAは国民の理解を広げるために、「あなたの知識を補う(Supplement Your Knowledge)」と題する、新たな教育的な取り組み(Dietary Supplement Education Initiative)[11]を開始しました。この取り組みは、ファクトシートや動画、カリキュラムを用いて、次のように設計されています。

- 栄養補助食品がどのように規制されているか、その潜在的な便益とリスクなどを、消費者がより詳しく学べるように支援しています。
- 教育者が、高校生に対して栄養補助食品に関する情報の正確さと信憑性を評価できる知識を身につけさせるように支援しています。
- 米国医師会と共同で開発した継続的医学教育プログラムを通じて、医師やその他の医療専門家が栄養補助食品に関する知識を広げることを支援しています。

日本における「食育」
　日本では同様の取り組みとして「食育」が行われています。その目的は、「生きる上での基本であって、知育・徳育・体育の基礎となるものであり、さまざまな経験を通じて「食」に関する知識と「食」を選択する力を習得し、健全な食生活を実現することができる人間を育てること」です。毎月19日を食育の日とし、また6月は食育月間と定め、全国規模で活動を行います。

参考：農林水産省、食育の推進、https://www.maff.go.jp/j/syokuiku/

6 栄養補助食品に関する教育的取組み

FDA による栄養補助食品に関する啓もう活動

消費者が栄養補助食品を賢く、主体的に選択できるよう、FDA による働きかけが行われています。

113

栄養補助食品の安全はどう保証されるのか？[12]

　FDA は、栄養補助食品の販売前に安全性や有効性、機能成分の表示などの承認権を持ちません。安全性や健康強調表示内容の保証は企業の自己責任で、承認なしに市場投入できます。

　しかし、FDA は市場監督の一環として、製造施設の定期的査察によって製造および表示要件を確認したり、業界、医療従事者、消費者からの健康被害の報告および苦情を監視したりします。

　その結果、製品の要求事項をクリアできていない、不適合なものであったり、安全ではないことが判明した場合、FDA は製品が適合するように会社と協力したり、自主回収を要請したりといった、当該製品を市場から排除するための行動ができます。

FDA による海外の食品製造施設の査察

　FDA は、米国民が食べる食品が安全であることを保証する責任があります。リスクに基づくアプローチを使用して、査察対象となる海外および国内の食品製造施設を特定します。

　査察とは、施設が連邦法に準拠しているかどうかを判断するために、施設を現地で慎重に検査することです。査察は FDA の監督にとって重要ですが、ある時点のスナップショットであるため、規制対象製品の安全性と品質を監視する包括的なアプローチの一部です。

　米国外で製造された製品も、米国で製造された製品と同じ基準を満たす必要があります。FDA は、グローバルサプライチェーンにおける潜在的な問題への対応に常に注意を払っているため、米国人は、どこで製造されたかに関係なく、製品の安全性と品質に自信を持つことができます。

参考：FDA、Inspection Basics、https://www.fda.gov/inspections-compliance-enforcement-and-criminal-investigations/inspection-basics

7 栄養補助食品の安全はどう保証されるのか？

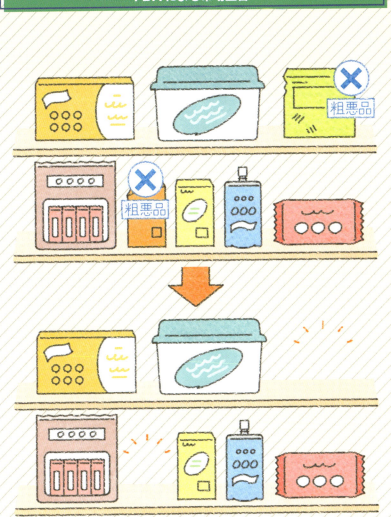

FDA は承認権を持ちませんが、粗悪な食品（健康被害が報告されている食品など）を市場から排除するよう働きかけることができます

Column

米国における栄養補助食品の表示

　第5章でも解説しましたが、FD&C法は、製品ラベルに特定の種類の健康強調表示を記載した栄養補助食品を販売する個人または企業に対し、販売開始後30日以内に、その強調表示についてFDAに通知することを義務付けています。その際、本文およびその他の必要な情報を記載した届出書の提出も必要です。通知義務の対象となる健康強調表示は以下の通りです[13]。

- 構造／機能強調表示（「ヒトの構造または機能に影響を及ぼすことを意図した栄養素または食事成分の役割を説明」あるいは「栄養素または食事成分がそのような構造または機能を維持するための作用や文書化した作用機序の説明」する記述）
- 一般的健康強調表示（「栄養素または食品成分の摂取による一般的な健康状態を説明」する記述）
- 古典的な栄養素欠乏症に関する強調表示（「古典的栄養素欠乏症に対する利益を強調し、米国における当該疾患の有病率を開示する」）

　主張の主体者は、その強調表示が真実であり、誤解を招かないという実証を有していることが条件ですが、健康強調表示がなされていても、栄養補助食品は医薬品ではありません。

　健康強調表示は、目立つように太字で表示し、次のような免責事項の添付が必要です（第8章2節の図を参照）。

「この記述はFDAによる評価を受けていません。本製品は、いかなる疾病の診断、治療、治癒、予防を意図したものではありません」

第 **9** 章

食品表示制度
── 日本

introduction

この章では、食品表示制度とその中核をなす機能性表示が可能な保健機能食品（栄養機能食品、特定保健用食品並びに機能性表示食品）について説明します。

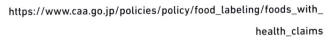
https://www.caa.go.jp/policies/policy/food_labeling/foods_with_health_claims

食品表示制度と保健機能食品

消費者の自主的かつ合理的な食品選択の機会を確保するため、食品衛生法、JAS法および健康増進法の食品表示に関する規定を統合した新たな食品表示法[1]が2020年から完全施行されました。これにより、容器包装された一般用加工食品および添加物には、食品表示基準に基づき、栄養成分(量および熱量)表示[2]が義務付けられました。

食品表示基準[3]に規定される栄養成分は、食品表示基準 別表第9に掲げられています。その食品に含まれる、熱量(エネルギー)、たんぱく質、脂質、炭水化物およびナトリウム(食塩相当)の量をこの順番で必ず表示しなければなりません。また、栄養成分の量および熱量について「○○含有」「低○○」などのような強調表示を行う場合には、それぞれ、食品表示基準 別表第12および13にその基準値が示されています。

栄養や保健機能に関する食品表示制度には、上記の栄養成分表示に加え、機能性の表示が可能な保健機能食品や特別の用途に適する旨の表示を行える特別用途食品があります。

保健機能食品は、国が定める基準に従い、安全性が確保されていることを前提とした、科学的根拠に基づく機能性表示が許可された食品群です。栄養機能食品、特定保健用食品ならびに機能性表示食品の3種類があります(右の表)。

特別用途食品には、病者用食品(許可基準型、個別評価型)、妊産婦・授乳婦用粉乳、乳児用調製乳、えん下困難者用食品があります。

なお、栄養補助食品、健康補助食品、栄養調整食品といった表示で販売されている食品は一般食品で、機能性の表示は出来ません。

*1 栄養補助食品、健康補助食品、栄養調整食品
*2 医薬品とは異なり、疾病の治療や予防のために摂取するものではありません。

1 食品表示制度と保健機能食品

一般食品、保健機能食品、医薬品

食品				
一般食品 (いわゆる健康食品を含む) *1 …機能性の表示はできません	保健機能食品 *2 …機能性の表示ができます			医薬品 (医薬部外品を含む)
	栄養機能食品	特定保健用食品	機能性表示食品	

食生活は、主食、主菜、副菜を基本に食事のバランスを！

いわゆる「健康食品」

いわゆる「健康食品」とは、「広く、健康の保持増進に資する食品として販売・利用されるもの全般」とされています。つまり、「健康食品から保健機能食品を除いたもの」を指します。
一般的にいう「健康食品」については、法律上の定義はありません。そのため、「健康食品」という名称も、学術的に認知されているものではなく、社会的にほかの食品と区別するために使われている呼称です。「健康」と名前のついたさまざまな食品がありますが、これらが実際に健康の維持増進に寄与するものかどうか分からないものもあります。

2 栄養機能食品 [4]

　ビタミン、ミネラルなど、特定の栄養成分を補給するために利用される食品で、栄養成分の機能を表示するものです。対象食品は消費者に販売される容器包装された一般用加工食品、一般用生鮮食品です。国の個別審査は必要なく、すでに科学的根拠が確認された栄養成分を一定の基準量含んでいれば、栄養成分の機能を表示することができます。

　表示内容は、栄養成分の機能、摂取するうえでの注意事項、1日あたりの摂取目安量の記載が必要で、摂取目安量に含まれる栄養成分の量は、食品表示基準に基づき定められた上・下限値の範囲内にある必要があります[4]。

　栄養機能食品を利用する際の留意点として、以下の2つの事項があげられます。

「表示が義務づけられている事項」

　「栄養機能食品（ビタミンC）」など、栄養機能表示をする栄養成分の名称を「栄養機能食品」の表示に続けて表示します。

「表示が禁止されている事項」

　栄養機能食品の規格基準が定められている栄養成分以外の成分の機能の表示や特定の保健の用途の表示はできません。

　（例）ダイエットできます。疲れ目の方に…など。

　また、消費者庁長官が個別に審査等をしているかのような表示はできません。

　（例）消費者庁長官認定。規格基準適合。…など。

日本人の食事摂取基準

　日本では、厚生労働省から5年ごとに「日本人の食事摂取基準」が発表・公開されています。「日本人の食事摂取基準」では、各ライフステージごとに、必要となる栄養素の設定とその根拠などの情報が掲載されています。

参考：厚生労働省、日本人の食事摂取基準2020年版、https://www.mhlw.go.jp/stf/newpage_08517.html

機能の表示ができる栄養成分とその上限値～下限値

	栄養成分	上限	下限
脂肪酸 (1種類)	n-3系脂肪酸	0.6g	2.0g
ミネラル (6種類)	亜鉛	2.64mg	15mg
	カリウム	840mg	2,800mg
	カルシウム	204mg	600mg
	鉄	2.04mg	10mg
	銅	0.27mg	6.0mg
	マグネシウム	96mg	300mg
ビタミン (13種類)	ナイアシン	3.9mg	60mg
	パントテン酸	1.44mg	30mg
	ビオチン	15µg	500µg
	ビタミンA	231µg	600µg
	ビタミンB_2	0.42mg	12mg
	ビタミンB_6	0.39mg	10mg
	ビタミンB_{12}	0.72µg	60µg
	ビタミンC	30mg	1,000mg
	ビタミンD	1.65µg	5.0µg
	ビタミンE	1.89mg	150mg
	ビタミンK	45µg	150µg
	葉酸	72µg	200µg

「食品表示基準 別表第11」参照 (707)

3 特定保健用食品 [5] その1

特定保健用食品とは、特保またはトクホとも呼ばれる、「特定の保健の目的が期待できる旨」の表示を行う食品です。申請者が有効性や安全性試験などを実施し、表示について消費者庁に申請し、同長官の許可を受けて販売します。右ページに示すように、5つの区分があり、許可マークが付されています。

個別評価型

からだの生理学的機能などに影響を与える関与成分を含む食品です。食生活において特定の保健効果を期待する消費者に対し、摂取によりその目的が期待できる内容の表示が許可されます。

特定保健用食品の審査等取扱いおよび指導要領[6]では許可等の要件として「食生活の改善が図られ、健康の維持増進に寄与することが期待できるものであって、次の要件に適合するものについて許可等を行うものであること」とされています。要件は以下のような内容になります。

食品または関与成分は、次の6つに該当する必要があります。

1) 表示の保健用途に科学的、医学的、栄養学的な根拠がある。
2) 適切な摂取量が医学的・栄養学的に設定できる。
3) 安全である。
4) 物理学的、化学的および生物学的性状、ならびにその試験方法や定性および定量試験方法が明らかである。
5) ナトリウムや糖類等の過剰摂取につながらず、アルコール飲料ではない。
6) 日常的に食される食品である。

ただし合理的理由があれば、この限りではありません。薬発第476号 別紙 別添2「専ら医薬品として使用される成分本質(原材料)リスト」に含まれないこと、としています。

特定保健用食品の区分と許可マーク*

特定保健用食品（個別評価型）
食生活において特定の保健の目的で摂取をする者に対し、その摂取により当該保健の目的が期待できる旨の表示をする食品

特定保健用食品（疾病リスク低減表示）
関与成分の疾病リスク低減効果が医学的・栄養学的に確立されている場合、疾病リスク低減表示を認める特定保健用食品（現在は関与成分としてカルシウム及び葉酸がある）

特定保健用食品（規格基準型）
特定保健用食品としての許可実績が充分であるなど科学的根拠が蓄積されている関与成分について規格基準を定め、消費者委員会の個別審査なく、消費者庁において規格基準への適合性を審査し許可する特定保健用食品

特定保健用食品（再許可等）
既に許可を受けている食品について、商品名や風味等の軽微な変更等をした特定保健用食品

条件付き特定保健用食品
特定保健用食品の審査で要求している有効性の科学的根拠のレベルには届かないものの、一定の有効性が確認される食品を、限定的な科学的根拠である旨の表示をすることを条件として許可する特定保健用食品

*特定保健用食品について4)に修正を加えて転記しました。

4 特定保健用食品 [5]　その 2

疾病リスク低減型
　関与成分の疾病リスク低減効果が医学的・栄養学的に確立されている場合、疾病リスクの低減に関する表示ができる特定保健用食品です。現時点で関与成分として、カルシウムによる骨粗しょう症リスク低減、葉酸による神経管閉塞障害リスク低減などがあります。

規格基準型
　特定保健用食品としての許可実績が充分であるなど科学的根拠が蓄積されている関与成分について規格基準を定め、消費者委員会の個別審査なく、消費者庁において規格基準への適合性を審査し許可する特定保健用食品です。

　有効成分として、食物繊維（3成分）、オリゴ糖（6成分）ならびに難消化性デキストリン（食物繊維として）があります。それぞれ「おなかの調子を整えます」ならびに「おなかの調子を整えます」および「糖の吸収・血糖上昇を緩やかにします」などの表示が可能です。

再許可等
　すでに許可された特定保健用食品と比較して、軽微な変更（許可等を受けた者、商品名、風味など）をした特定保健用食品です。

条件付き
　特定保健用食品の審査で要求している有効性の科学的根拠のレベルには届かないものの、一定の有効性が確認され、限定的な科学的根拠である旨の表示をすることを条件として、許可対象と認められた特定保健用食品です。

　消費者庁のホームページから、特定保健用食品許可（承認）品目一覧（令和 6 年 6 月 17 日更新）を見ることができます [7]。

4 特定保健用食品　その2

規格基準型が許可を受けるための条件

規格基準型の有効成分

- 食物繊維（3成分）
- オリゴ糖（6成分）
- 難消化性デキストリン（食物繊維として）

注意点①
1つの食品には、これらを複数含んではならない

注意点②
「おなかの調子を整えます」／「おなかの調子を整えます」および「糖の吸収・血糖上昇を緩やかにします」などの表示が可能

5 消費者庁の機能性表示食品制度

機能性表示食品制度[8)]の概要

　機能性表示食品は、必要な科学的根拠などを、販売前に消費者庁長官へ届け出さえすれば、食品関連事業者の責任において「特定の保健の目的が期待できる旨」の表示が可能です。食品の安全性と機能性に関する科学的根拠について個別審査を経ていない点で、特保と大きく異なります。消費者の自主的かつ合理的な食品選択に役立つためには、「安全性」および「機能性表示の科学的根拠」について適切な情報の提供等が重要となります[9)]。

　ある食品を機能性表示食品として販売するには、下記の4つの要件を満たしている必要があります。

1) 疾病に罹患していない者〔未成年者、妊産婦（妊娠を計画している者を含む）および授乳婦を除く〕が対象です。
2) 機能性関与成分によって健康の維持および増進に役立つ特定の保健の目的（疾病リスクの低減に係るものを除く）が期待できる旨を科学的根拠に基づいて容器包装に表示します。
3) 生鮮食品を含め、すべての食品が対象ですが、特別用途食品や栄養機能食品ならびにアルコールを含有する飲料および栄養素の過剰な摂取につながるものは除きます。
4) 当該食品に関する表示の内容、食品関連事業者名および連絡先等の食品関連事業者に関する基本情報、安全性および機能性の根拠に関する情報、生産・製造および品質の管理に関する情報、健康被害の情報収集体制その他必要な事項を販売日の60日前までに消費者庁長官に届出する必要があります。

5 消費者庁の機能性表示食品制度

機能性表示食品とは？

消費者が、自主的かつ合理的に機能性表示食品を選択できるようにするために、多数ある届出された機能性表示食品ひとつひとつに、以下のような項目の書類が、届出と同時に提出される必要があります。
- 機能性表示食品の対象となる根拠資料
- 安全性にかかわる根拠資料
- 生産・製造及び品質管理にかかわる説明資料
- 健康被害の情報収集にかかわる説明資料
- 機能性にかかわる科学的根拠資料
- 表示および情報開示の在り方にかかわる説明資料

機能性表示食品の課題とその事例

　消費者庁は、ある会社が供給する機能性表示食品2種の表示に、景品表示法（景表法）に違反する行為（優良誤認に該当）が認められたことから、該社に対し、措置命令[10]を行いました。

　この会社のウェブサイトにおいて「高めの血圧を下げる機能性サプリ」「血圧をグーンと下げる」「酸化LDLコレステロールを減少させる機能性取得」「血圧を下げる機能性取得」「中性脂肪を低下させる機能性取得」などの記載があり、これら商品を摂取すれば、記載通りの効果が得られるかのような表示をしていました。

　消費者庁は、景表法に基づいて、当該表示の裏付けとなる合理的な根拠の提出を求めましたが、提出された資料は、いずれも、合理的な根拠と認められることはありませんでした。

　措置命令として、これら2つの商品について、同表示行為の速やかなとりやめや、同表示の景表法違反を一般消費者へ周知徹底、再発防止策の実施、裏付けとなる根拠なしに同様の表示は今後行わない、としました。

　そして、科学的根拠として示されたものの、合理性が認められない表示は、景表法等の虚偽誇大表示や食品表示法の食品表示基準違反のおそれがあることから、消費者庁は、関係団体宛に「機能性表示食品に係る届出資料の再検証等について（依頼）」[11]を出しました。

　なお、機能性の根拠に必要な資料とは、1)臨床試験または2)研究レビューの結果です。

「消費者教育の推進に関する法律」
消費者教育を総合的かつ一体的に推進し、国民の消費生活の安定向上に寄与することを目的として「消費者教育の推進に関する法律」（平成24年法律第61号）が施行されました。消費生活に関する知識を習得し適切な行動に結びつける実践的能力を育成することと主体的に消費者市民社会の形成に参画し、発展に寄与できるよう積極的に支援することを基本理念としています。

6 機能性表示食品の課題とその事例

| お膳立てした教育は難しい！ |

"You may lead a horse to the water, but you can't make him drink."

Column

いわゆる「健康食品」[12]について

　健康の維持・増進には、栄養バランスのとれた食生活、適度な運動、充分な休養をとることが大切です。一方、市場には、いわゆる「健康食品」と呼ばれる食品が、サプリメントや飲料などさまざまな形状でたくさん存在しています。これらの健康食品とは法律上の定義はなく、学術的にも認知されているものではありません。単にほかの食品と区別するための呼び方です。

　医薬品以外で経口的に摂取され「健康食品」「健康飲料」「健康サプリメント」「健康酒」などのように、名称に「健康」がついただけの食品もあります。さらには、健康の維持・増進をうたっていても実際に有効性があるかどうかわからない商品もあります。

　したがって、いわゆる「健康食品」を利用する際には、消費者がそれぞれの食生活の状況に応じた適切な選択をする必要があります。保健機能食品制度においては「おなかの調子を整える」「脂肪の吸収をおだやかにする」など、特定の保健（健康の維持・増進）の目的が期待できる食品について、国が定めた安全性や有効性に関する基準等を満たせば、その食品に含まれる栄養成分の機能性表示が可能です。保健機能食品以外の食品は、機能性を表示することはできません。

　保健機能食品には、栄養機能食品（自己認証制）、特定保健用食品（消費者庁長官による許可制）、機能性表示食品（届出制）の3種類があります。本制度の業務は、2009年厚生労働省から消費者庁へ移管されました。

第 **10** 章

アジア諸国
および地域

introduction

この章では、近隣パートナーである大韓民国（韓国）、中華人民共和国（中国）、台湾および東南アジア諸国連合（ASEAN：association of south east asian nation）[1]の健康食品ならびに食品表示に関連する法的枠組などについて説明します。

https://asean.org/

韓国、中国、台湾の健康食品

3か国における健康食品に関する比較を表10.1にまとめました[2,3,4,5]。共通事項としては「法的枠組み」「健康強調表示」があげられます。

①法的定義と法的枠組み

いずれの国、地域にも健康食品に関して、法律で定められた定義があります。法的枠組みである行政機関ならびに関連法もあります。例として日本の法的枠組みを紹介します。日本では食品安全委員会と消費者庁がおもな行政機関で、関連法は、新食品表示法、および該法への不統合部分をもつ、食品衛生法、健康増進法、JAS法等です。

②健康強調表示への認識

健康強調表示は、国民の健康とそのための食品選択を支援する規則で、医薬品のように疾病の治療・治癒が目的ではありません。人体の正常な機能や健康の維持・改善が目的です。それぞれの国の特色は下記の通りです。

韓国

健康機能性食品コード(Health Functional Food Code) 2021[4]にカルシウムおよびビタミンDによる骨粗しょう症のリスク低減表示の記載があります。

中国

保健機能の強調表示が容認されるのは、届出健康食品(栄養補充剤)ではビタミンとミネラルなどの補給の2項目のみになります。登録健康(功能性保健)食品では27項目あり「免疫力増強」や「抗酸化」など、日本の特定保健用食品(特保)では未許可の項目が含まれています[2,5]。

台湾

健康食品検査登録許可証の申請に伴う審査は「個案審査」および「規格標準審査」の2種類があります。政府の認定が出ている13の「規格標準審査」を経た効果には、特保にはない「免疫の調節」や「老化の防止」などがあります[2]。

1 韓国、中国、台湾の健康食品

韓国、中国、台湾の国ぐにと地域の健康食品に関する比較

	大韓民国 (韓国)[2,4]	中華人民共和国(中国)[2,5]	台湾[2]
定義	人体に有用な機能性を持った原料および成分を使用して製造 (加工を含む) した食品。機能性とは、人体の構造と機能についての栄養素を調整する、または生理学的な作用をさせるなどの保健用途に有用な効果があること	特定の保健機能を有する成分を含む、またはビタミン、ミネラル補給を目的とすることを強調表示する食品。生体機能の調整を行うが、疾病治療目的ではなく、生体機能の調整を行い、急性、亜急性または慢性毒性を示さない食品	「保健効果」があると認められるもの。「保健効果」とは、中央政府が認め、公表したもの。健康改善や疾病リスクの低減に資する効果で、科学的に証明されているもの。疾病の治療や療法を目的ではない
法的枠組	行政機関 食品医薬品安全処、食品医薬品安全庁 (KFDA) 関連法 健康機能食品法 健康機能食品の基準および規格	行政機関 国家食品薬品監督管理局 国家市場監督管理総局 関連法 食品安全法、健康食品管理弁法	行政機関 衛生福利署食品薬物管理署 (台湾FDA) 関連法 健康食品管理法
健康食品を表す絵柄／識別表示マーク／	건강 기능식품	保健食品	健康食品
栄養機能および健康強調表示	栄養強調表示、健康強調表示の2種類	栄養素の効能表示 (機能強調) 表示、食品機能強調表示の2種類	栄養機能強調表示、ヘルスケア強調表示 ヘルスケアに関する13種類の強調表示が許可
疾病リスク低減表示	カルシウム、ビタミンDによる骨粗鬆症のリスク低減	機能性食品で「特定の疾病の発生を予防したり遅らせたりする作用を持つ」の表現	該当なし
承認認証の種類	告示 (規格基準) 型食品および個別認定 (許可) 型食品	届出健康食品および登録健康食品	衛生福利部より委託を受けた審査委員会による審査 個案 (個別) 型審査及び規格基準型審査
科学的実証法	Health Functional Food Code 2021[4]に詳細に記載	指定試験所において、食品薬品監督管理局の標準手順に従って申請試験を実施	栄養素の機能または役割を証明する、充分かつ一般的に認められた科学的証拠

2　ASEAN について

　ASEAN は、1967 年の「バンコク宣言」により設立されました。現在、10 か国が加盟しています。加盟国はタイ、インドネシア、シンガポール、フィリピン、マレーシア（以上、原加盟国）、ブルネイ・ダルサラーム（1984 年加盟）、ベトナム（1995 年加盟）、ラオス、ミャンマー（ともに 1997 年加盟）、カンボジア（1999 年加盟）です。

　これら 10 か国は、近隣諸国が緩い結びつきのもとで、友好善隣を促す自由貿易地域です。これら国ぐにの集まりは「政治・安全保障共同体」「経済共同体」「社会・文化共同体」を形成しています。共通の目標は、平和・安全・安定の維持・向上、政治・経済・社会文化の協力促進、非核・非大量破壊兵器保持地域の維持を掲げています。EU のように国家主権の一部委譲、通貨統合、共通の外交・安全保障・防衛政策実施を目指すものではありません。

　2021 年現在、ASEAN 加盟国の国土の総面積は 449 万 km^2 で、日本の 11.9 倍、世界の 3.2% に相当します。2022 年の統計では、人口は 6 億 7,945 万人、日本の 5.4 倍、世界の 8.5% です。GDP は 3 兆 6,223 億米ドル、日本の 85.6%、世界の 3.6% です。1 人当たり GDP は 5,331 米ドル、日本の 15.8%、世界平均の 42.2% です。貿易額（輸出＋輸入）は 3 兆 8,284 億米ドル、日本の 2.3 倍、世界の 7.7% にあたります。今後、世界の「開かれた成長センター」となる潜在力を持った共同体として世界中の関心が高まっています。

＊1　文献 6 の目で見る ASEAN － ASEAN 経済統計基礎資料（令和 5 年 12 月 アジア大洋州局地域政策参事官室）から　https://www.mofa.go.jp/mofaj/files/000127169.pdf、を参考に作成
＊2　外務省、https://www.mofa.go.jp/mofaj/area/asean/index.html を参考に作成

2 ASEAN について

ASEAN（東南アジア諸国連合）*²

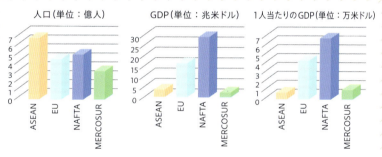

NAFTA（北米自由貿易協定）：米国、カナダ、メキシコ
MERCOSUR（南米共同市場）：アルゼンチン、ボリビア、ブラジル、パラグアイ、ウルグアイ、ベネズエラ
（ただし、ベネズエラを除いて計算）

> ASEAN全体の人口に占める割合は、約40%をインドネシアが占めます。次いでフィリピン（17.0%）、ベトナム（14.5%）、タイ（10.6%）、ミャンマー（8.0%）の順で、一番人口が少ないのはブルネイです。
> ASEAN全体の名目GDPに占める割合は、約36%をインドネシアが占めます。次いでタイ（13.7%）、シンガポール（12.9%）、ベトナム（11.3%）、マレーシア、フィリピン、ミャンマーの順。一番小さいのはラオス（0.4%）です。
> 1人当たりGDPを比較すると、シンガポール（$82,808）、ブルネイ（$37,152）、マレーシア（$11,972）の順で、最下位はミャンマー（$1,096）となり、域内の経済格差は大きい状態です*¹。

3 健康補助食品に関するASEANの統一基準と要件 7, 8)

　ASEAN経済共同体（AEC: the ASEAN Economic Community）は、物品の自由な流通を目的に発足しました。この目的を実現するには、域内貿易の障壁を撤廃／削減する必要があります。加盟国の大半は健康補助食品の基準や健康強調表示の使用に関する明確なガイドラインを持たず、域内市場への新規参入は限られています。加盟国ごとに健康補助食品を市場に投入するための技術要件が異なることが、域内の健康補助食品貿易の障壁の1つとなっています。

　この障壁を打開するために、伝統医薬品・健康補助食品作業部会[*1]とその専門科学委員会／GMPタスクフォースが10年以上に渡って懸命に取り組んだ結果、健康補助食品に関する10のASEAN調和技術要件および基準が完成し、ASEAN健康補助食品規制枠組み協定の提示後は技術的付属書として提示される予定です。

　提示後は、ASEAN経済大臣による署名および批准があり、指定された期間内に各ASEAN加盟国の国内規制に組み込まれる予定です。この健康補助食品に関するASEANの統一基準と要件に関するガイドラインや指導原則、一般原則が利用可能になると、製品のメリットを消費者にうまく伝えることができるようになります。

　2004年以来、ASEAN加盟国は、健康補助食品の許可成分と含有量に関する基準と要件の調和に取り組んできました。ガイドラインの策定には、CODEX、WHO、ICH、英国の薬局方などを参考にしています。2020年11月に協定の最終決定が合意されました。

＊1　TMHS PWG: the ASEAN Traditional Medicines and Health Supplements Products Working Group

3 健康補助食品に関するASEANの統一基準と要件

健康補助食品に関する10のASEAN調和技術要件および基準ができるまでの流れ

```
伝統医薬品・健康補助食品作業部会と
その専門科学委員会／GMPタスクフォース
            ↓ 10年以上の取り組み
健康補助食品に関する10のASEAN調和技術要件
および基準が完成
            ↓ ASEAN健康補助食品規制
              枠組み協定の提示後
技術的付属書として
提示される予定
```

ガイドラインの策定で参考

- ICH
- WHO
- 英国の薬局方
- CODEX

健康補助食品に関する統一ガイドラインおよび規格 [7, 8]

　健康補助食品とは、食事を補い、人体の健康機能を維持、強化、改善するために使用される製品で、カプセル、錠剤、粉末、液体などの形態[*1]で提供され、注射剤、点眼剤などの滅菌製剤は含まれません。以下の1つ以上、または組み合わせを含みます。

1) ビタミン、ミネラル、アミノ酸、脂肪酸、酵素、プロバイオティクス、その他の生理活性物質。
2) 抽出物、分離物、濃縮物、代謝産物の形態の動物、鉱物、植物材料を含む天然源由来の物質。
3) 1)および2)に記載された成分の合成源は、安全性が証明されている場合にのみ使用可能。

　指導原則、ガイドライン、一般原則は、10個の付録から構成されます。例として、付録Ⅲの概要を以下に記載します。

付録Ⅲ：健康補助食品の汚染物質の制限に関するガイドライン
【概要】
　この付録は、重金属、微生物、農薬の3つの分野におけるサプリメントの汚染物質の制限の設定に関するガイドラインを記載しています。

※写真はイメージです

---

*1　おもに少量単位投与の剤形

4 健康補助食品に関する統一ガイドラインおよび規格

指導原則、ガイドライン、一般原則と構成する付録

	指導原則／ガイドライン／一般原則	概要
付録 I	物質のネガティブリストへの追加／除外に関する指導原則	ASEAN 加盟国 10 か国すべてが全会一致で同意した、ASEAN 地域で販売されるサプリメントに使用してはならない 77 種類の成分（ネガティブリスト）を記載しています
付録 II	添加物および賦形剤の使用に関する指導原則	サプリメントでの使用が許可されている添加物と賦形剤のリストと、それらの使用に関する詳細な制限を記載しています
付録 III	汚染物質の制限に関するガイドライン	重金属、微生物、農薬の 3 つの分野におけるサプリメントの汚染物質の制限を設定するためのガイドライン
付録 IV	伝染性海綿状脳症 (TSE) の伝染リスクを最小化するためのガイドライン	サプリメントに使用される反芻動物由来の材料がヒトに TSE を伝染させるリスクを最小化するためのガイドラインです
付録 V	安定性と保存期間に関するガイドライン	サプリメントが確立された物理的、微生物学的、および／または化学的仕様を満たしていることを確認するための安定性試験の実施要件に関するガイドラインです
付録 VI	安全性の実証に関する指導原則	新しい成分、新しい成分の組み合わせ、安全性の懸念に関連する既存の成分、または新しい加工方法から得られる成分を含むサプリメント製品の安全性を確立するための柔軟性を記載しています
付録 VII	主張および主張の実証に関するガイドライン	サプリメントに関する 3 種類の健康主張、つまり一般または栄養主張、機能主張、および疾病リスク軽減主張を実証するための枠組みとプロセスのためのガイドラインです
付録 VIII	適正製造規範に関するガイドライン	サプリメント製造のあらゆる側面における適正製造規範に関するガイドラインです
付録 IX	ラベル要件に関するガイドライン	サプリメントのラベルに記載しなければならない必須情報に関するガイドラインです
付録 X	ビタミンおよびミネラルの最大含有量設定のための ASEAN 一般原則	あらゆる健康補助食品の 1 日摂取量に許容されるビタミンとミネラルの最大量を定める際に使用される方法論について記載しています

5 国別にみる健康食品　その1

　ASEAN全体でみると、健康食品に関する法的枠組みについては、法体系が進んでいる国や整備中の国、自前では充分ではない国などがあります。より具体的に比べるために、検索が可能だった6か国について右の表にまとめます[*1]。以下に、定義からそれぞれの現況と特徴を説明しました。

タイ [2, 3, 9)]

　健康食品の定義はありません。保健省告示による定義では、栄養補助食品とは、健康管理上の効果が期待でき、錠剤、カプセル、粉末、フレーク、液体など、通常の食品形態ではない栄養素または、その他の物質を含み、通常の食品とは別に摂取する製品です。

　栄養強調表示は、1)栄養素含有量表示、2)栄養比較表示、3)栄養機能表示が認められています。しかし、健康強調表示あるいは類似内容の表示は、草案を作成中で、コーデックス規範を代用しています。

インドネシア [2, 10)]

　健康食品の定義はありません。

　法的な定義があるのは、1)特定加工食品、2)栄養強調食品、3)健康への影響を強調した加工食品(補足として、科学的検証に基づきその基本的な機能のほかに、特定の病理学的機能を有する食品構成物を1つあるいは複数含有する加工食品、危険ではなく、健康に寄与することが立証されていること。など、が記されています)および、4)サプリメント(ビタミンやミネラル、アミノ酸、その他の原料を1つあるいは複数含み、栄養価、機能的効果が期待でき、必要な食用栄養素を補給するための食品)についてです。

＊1　検索が可能だった国ぐに

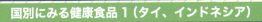

国別にみる健康食品1（タイ、インドネシア）

	タイ [2,3,9]	インドネシア [2,10]
健康食品の定義	栄養補助食品の定義あり	特定加工食品、健康強調食品、栄養強調食品、サプリメントの法的定義あり
法的枠組	行政機関 タイ保健省食品医薬品委員会事務局（FDA） 根拠法など タイ国食品法、保健省告示第293号（2005年）「栄養補助食品」	行政機関 国家食品・医薬品監督庁（BPOM） 根拠法など 食品法、ほか2規定、1規則
栄養機能および健康強調表示	栄養強調表示 栄養素含有量表示、栄養比較表示、栄養機能表示の3種類に分類。 健康に関する表示 草案を作成中。CODEXの「健康面の表記原則」に準拠。（2015年の調査）	栄養強調表示 含有栄養素を強調、栄養素の比較を強調 健康への影響を強調した表示 ①栄養素の機能を強調 ②ほかの機能を強調 ③疾病リスクの軽減を強調
疾病リスク低減強調表示	承認されていない	定義、申請要件を明記、承認例なし
承認認証の種類	予め認可された栄養機能強調表示のみ 業者は、新健康強調表示使用を食品医薬品局に申請可能	構成成分および/または強調表示は、BPOM長官および食品基準局長による承認
強調表示に対する科学的実証	科学的根拠に基づいた承認手続き有 ・強調表示の科学的証拠が必要 ・専門家集団による再評価 ・当局の許諾は専門家の見解を考慮	強調表示を科学的に実証するものを提出 権威または専門家が評価、BPOMに推薦、同意/却下の書簡を発行

141

国別にみる健康食品　その 2

シンガポール[2, 11]

　　標準化された健康関連食品の定義はありません。各庁の定義があり、1) 毎日の食事の一部として摂取するもの、2) 食事の補助として摂取するもので、摂取量が規定されていないものは、食品庁 (SFA: Singapore Food Agency) の規制が適用されます。一方、3) 健康のサポートや増進が目的で摂取するもの、4) 植物または動物由来のビタミン・ミネラルまたは物質を含むか、天然由来成分の合成複製物は、「健康サプリメント」として保健科学庁 (HSA: Health Science Authority) の規制が適用されます。

フィリピン[2]

　　健康食品は、フィリピン共和国法第 9711 号に基づき、その使用する目的に沿って「栄養補助食品」と「健康製品」に分けられます。

　　原則として、加工食品の中でも食事を補助する意味合いをもつ製品で、カプセル、錠剤、液体、ゲル、粉末、丸薬の形態をしているものは「栄養補助食品」と定義します。ビタミン、ミネラル、ハーブ、その他植物物質、アミノ酸、栄養物質などが該当します。ただし、フィリピン政府が摂取を推奨する栄養成分を含み、さらに、国際的に決められた、1 日に最低限摂取すべき成分を含む製品という要件を満たす必要があります。

　　一方、食品や薬、化粧品、装置、生物錠剤、ワクチン、対外診断用医薬品および家庭や都会に害を及ぼしうる物質、ならびに食品医薬品管理局による規制を必要とする健康に影響を与えることができる製品を「健康製品」と定義しています。

国別にみる健康食品2（シンガポール、フィリピン）

	シンガポール[2,11]	フィリピン[2]
健康食品の定義	健康関連食品について各庁がそれぞれの定義を用いている	「栄養補助食品」と「健康製品」に法的分類、各定義あり
法的枠組	行政機関 シンガポール健康科学庁（HAS）、シンガポール食品庁（SFA） 根拠法など 健康サプリメントに関するガイドライン、食品販売法、食品規制	行政機関 フィリピン品医薬品管理局（FDA） 根拠法など 共和国法第9711号
栄養機能および健康強調表示	栄養機能強調表示 承認された30の栄養機能強調表示のリスト化 その他の機能強調表示 承認された12のその他の機能強調表示のリスト化	Codexに準拠 栄養機能強調表示 新しい健康強調表示の申請と承認のほとんど その他の健康強調表示 ポジティブリストは非公開
疾病リスク低減強調表示	食事に関連する特定の栄養成分の健康強調表示 Codexに準拠した5疾病リスク低減表示	Codexに準拠した評価システム有 ポジティブリストは非公開
承認認証の種類	Codexに準拠した推奨事項に基づく申請制度	申請と承認のシステム有り ほとんどが栄養機能強調表示
強調表示に対する科学的実証	Codexに準拠した推奨事項に基づくフレームワークと原則に従って評価	コンサルタント（医療分野の専門家、薬理学者、栄養学の専門家）に付託。 適切なデザインのヒト介入研究

7 国別にみる健康食品　その 3

マレーシア[12]

飲食物と医薬品等は複数の法令により定義されています。以下 3 つの食品の定義があります。

1)「FDI 製品」[*1]：食品とも医薬品とも区別しがたい製品で、いわゆる健康食品も含みます。一般的には、経口摂取用の食品成分と有効成分を組み合わせた製品です。

2) 特別目的食品：特別な栄養摂取の必要に適した食品です。具体的には、乳児用／幼児用ミルク、乳幼児・幼児用缶詰離乳食、乳幼児・幼児用シリアル加工食品、低カロリー食品、ダイエット食品、低塩・減塩食品（代替塩を使用した食品を含む）です。

3) 健康サプリメント：人間の身体機能を保持、増強、改善する目的で、食事の補助として摂取されるあらゆる製品です。

ベトナム[13]

食品と医薬品は、それぞれ、食品安全法と薬事法の定義によって区別されています。健康食品にはつぎの 4 つが含まれます（保健省通達 43/2014/TT-BYT 号第 1 条）。

1) 補助食品：生理活性物質などの健康に有益な成分を添加する通常の食品

2) 保健用食品：健康と免疫力の向上に資する食品

3) 医療食品（特定医療用食品）：経口もしくは栄養チューブにより摂取し、患者の食事調整として指定される食品

4) 特殊用途食品：ダイエット中の者、高齢者またはコーデックスの定めによる他特定対象者のための食品

4 種類、それぞれの食品について、栄養成分含有表示並びに健康強調表示の公開内容についての要件があります。

＊1　食品・薬物境界製品（FDI: food-drug interface products）

国別にみる健康食品 3（マレーシア、ベトナム）

	マレーシア [12]	ベトナム [13]
健康食品の定義	特別目的食品、健康サプリメント、FDI 製品の定義あり	健康食品には、補助食品、保健用食品、医療食品、特殊用途食品が含まれる
法的枠組	行政機関 保健省食品安全品質プログラム 根拠法など 食品法（1983 年）、食品規則（1985 年）	行政機関 保健省食品安全品質プログラム 根拠法など 食品安全法第 2 条第 23 項、保健省通達 43/2014/TT-BYT 号第 1 条
栄養機能および健康強調表示	コーデックスに準拠 栄養機能強調表示 「その他の機能強調表示」、「健康強調表示」という用語は不使用	栄養成分の強調表示並びに健康強調表示のそれぞれに、5項目の内容記載がある
疾病リスク低減強調表示	許可されていない	記載なし
承認認証の種類	ポジティブリストの強調表示のみ許可。 24 古典的な栄養素および 29 そのほかの機能強調表示	食品安全規制への適合宣言および遵守宣言
強調表示に対する科学的実証	無作為化、プラセボ対照、二重盲検のヒト介入試験からのデータ。 疫学的および実験的研究とレビュー論文は、裏付証拠	健康強調表示は、特定の科学的証拠で証明された場合

Column

グローバル・サウス [14]

　この言葉に対する明確な定義はありません。大国の論理が世界を分断しようとしているように見える昨今において、欧米でも、中国やロシアでもない、人口や経済的パワーを内包する新興国や途上国の存在に改めて注目が集まっています。

　パキスタンから東のアジア（日本、オーストラリア、ニュージーランドを除く）のGDPシェアは1960年から2019年までの間に世界全体のおよそ4%から25%までに成長しました。地球規模の課題である気候変動では脱炭素社会に貢献したい意思とは裏腹に、自国の経済成長のためにエネルギーは不可欠です。したがって、すでに多くの二酸化炭素を排出し、経済成長している欧米がこの課題の解決に主導権を持つことに不信感があります。更に、経済の市場化、政治の民主化という西側の普遍的な価値は、同じレベルで共有化されません。目指す理想へのプロセスは、各国の立場や状況によって千差万別で、まさにその途上です。

　長い間、欧米文化に慣れ親しんだ多くの日本人には、クワッドに参加する一方で、ロシア軍と合同軍事演習を行うインドはどっちつかずに見える存在です。しかし「インドはインド」であり、自らの国益に拠って立つ姿勢以外の何物でもない姿を見ることができます。グローバル・サウス側の論理や主体性に注目することは、国際社会が抱える問題の全体像や輪郭を明確にする大切な手段のひとつです。行政による食の安全・安心も、食による健康も、グローバル・サウスにとっては、整備途上の課題と思われます。

第 **11** 章

地理的表示

introduction

この章では、その地域や地方ならではの自然、人的・社会的な要因と結びついて育まれてきた品質、社会的評価、その他の確立した特性が産地と結び付いている産品について、その名称を知的財産として保護する地理的表示保護制度について説明します[1]。

https://eumag.jp/issues/c1013/

地理的表示と保護制度 1)

①地理的表示

　地理的表示（GI: Geographical Indication）とは「ある商品に関し、その確立した品質、社会的評価、その他の特性が当該商品の地理的原産地に主として帰せられる場合において、当該商品が加盟国の領域又はその領域内の地域若しくは地方を原産地とするものであることを特定する表示」であると定義されています[*1]。

②保護制度

　チーズの原産地保護は、シャルル6世（15世紀）によるチーズ熟成の特許状に始まると云われています。時代が進むと、産地偽装したチーズやワインが横行するようになりました。それを受けて、1919年、原産地呼称（AO: Appellation d'Origine）が制定されました。制定後、1925年には、ロックフォールがチーズとして最初にAOを取得しました。しかし実際には、原産地を名乗ることができるかどうかは、裁判官の決定にゆだねられていました。AOに関する自分の権利が侵害されていると思う者、あるいは組合は、裁判に訴えることができ、裁判によって産地区画、産地の伝統的な用法などを確定していくことになりました。また当時は、産地規定には客観性があるものの、品質規定は主観的要素が含まれるため、法的に整備し、ルールを取り入れることは困難でした。この点を改良するために、1935年になると「生産者自身が品質要件を設定し、管理する」原産地呼称統制（AOC: Appellation d'Origine Contrôlée）が制定されました。AOCの制定によって、AOではなかった「品質規定」が、生産者自身により設定し管理されるようになりました。AOCもさらに整備強化され、1992年にはEUの審査、承認によって登録される原産地呼称保護（AOP: Appellation d'Origine Protégée）が制定されました。

[*1]　この定義は、世界貿易機関（WTO）が策定した、知的財産権の保護や権利行使に関する「知的所有権の貿易関連の側面に関する協定（TRIPS協定）[2)]」の第22条地理的表示の保護 第1項に記載があります。

1 地理的表示と保護制度

地理的表示が育まれるまでのイメージ

産品

生産地（例）
- 特定の地理的原産地
- その原産地に基本的に起因する品質
- その地方が発祥の農産物
- 特有の気候・風土がその農産物に好影響

↓ 育まれて確立

特性（例）
- 高糖度など
- 食感が柔らかく、滑らかなど。
- 他に比較を見ない外見など
- 独特の風味を形成など。

地理的表示
- 評判または特性を持つ商品に使用される表示
- 原産地呼称（AO）は地理的表示の一種

※1 地理的表示の不正使用は行政が取締り
※2 国連の世界知的所有権機関（WIPO：World Intellectual Property Organisation）[3] および地理的表示（GI）保護制度について（農林水産省 輸出国際局）[1] を参照。

149

先行する欧州の地理的表示（GI）

①リスボン協定

　GIは知的財産権の1つです。国連の世界知的所有権機関（WIPO：World Intellectual Property Organisation）[3]が管理する知的財産権に関する条約の1つに「原産地名称の保護および国際登録に関する（リスボン）協定」があります。1891年リスボンで作成、1958年に締結されました。現在28カ国が締結していますが、日本は加盟していません。この協定により、AO[*1]の国際登録制度を定め、加盟国が自国で保護している原産地名称がほかの加盟国においても保護されることを可能にしました。2015年5月末に改正し、AOに加えすべてのGIの保護にも適用されたことで、EUをはじめとする政府間組織にも加盟の道を開きました。

②TRIPS協定

　リスボン協定以外にも、さまざまな国際合意には、GIに関する規程が含まれています。WTOのTRIPS協定（Agreement on Trade-Related Aspects of Intellectual Property Rights）では、全加盟国に対し、製造者は、消費者に誤解を与えるものや、不公平な競争をしてはならないと義務付けており、すべてのGI製品に対し一般的な保護を与えています。醸造酒や蒸留酒に関しては、この一般的保護より、ひときわ手厚い保護が与えられています。「シャンパン」はGI名称として登録されています。そのため、たとえばWTO加盟国である中国が「中国産のシャンパン」のように、原産地名を明記したとしても「シャンパン」という言葉を用いることは認められません。右の図にTRIPS協定第22条（地理的表示の保護）と第23条（ぶどう酒及び蒸留酒の地理的表示の追加的保護）の概要を示しました。

[*1] 特定の場所を原産地とする生産物を表示する保護制度

2 先行する欧州の地理的表示(GI)

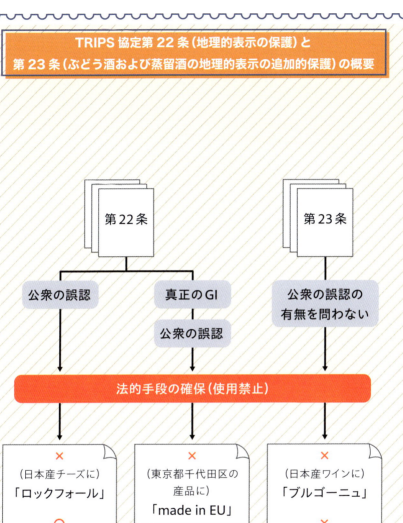

3 EUにおける伝統食品の品質を保証する制度 [4]

　近年、製品の生産地や特徴がわかる、または有機原料を使用している食品が増えていることから、消費者が食品の品質や生産環境に関心を払う傾向があると推察できます。EUも加盟国内で生産された食品の品質認証制度を積極的に進めています。域外からの輸入食品については、輸出国からの申請があればEU制度を適用し、あるいは当該国の認証制度との相互承認も進めています。

　EUの法律では高い水準を保証するために確固たる要件を求めています。食品の安全性を保証するための厳重な衛生規定のほかに、品質の高い欧州製品を保護・継承するために、EUは品質認証制度を制定しています。それらは、原産地呼称保護(PDO: protected designation of origin)、地理的表示保護(PGI: protected geographical indication)、伝統的特産品保証(TSG: traditional specialties guaranteed)として知られています。

　これらの制度で保護されている商品は、右の図に示すような特定の品質認証マークで簡単に識別することができます。PDOはPGIより製品と産地の結びつきを重視しています。生産工程(生産、加工、調製)のすべてが一定の地理的領域内にあることが、その条件です。PDOおよびPGIでは、EU加盟国以外の第三国原産の製品もEUで認定、登録されると、同様にロゴをラベルに表示することができます。TSGは製品と原産地との間に関連性があることは求めていません。

※写真はイメージです

EUの品質保証マーク

名称	原産地呼称保護（PDO：protected designation of origin）
概要	特定の地理的領域で受け継がれたノウハウに従って生産・加工・製造された農産物、食品、飲料が対象。
例	英国のウェスト・カントリー・ファームハウス・チェダーチーズ、およびギリシャのシティア・オリーブオイルなど。

名称	地理的表示保護（PGI：protected geographical indication）
概要	特定の地理的領域と密接に関連した農産物、食品、飲料が対象。生産・加工・製造の少なくとも一段階がその地域で行われていなければならない。
例	フランスのバイヨンヌ産生ハムや、イタリアのシチリア産ブラッドオレンジなど。

名称	伝統的特産品保証（TSG：traditional specialties guaranteed）
概要	伝統的なレシピや製法に基づいて製造された製品であることを保証。
例	グーズやクリークなどのベルギー産ビール、魚や肉を詰めて焼いたフィンランド名物のパン、カラクッコなど。

4 商標と地理的表示

　商標は、事業者が自社の取扱商品やサービスを他社と区別するために使うマーク（識別標識）です。消費者は、購入やサービス利用の際に「商標」を1つの目印として商品を選ぶことができます。事業者が営業努力を重ねることにより、商品やサービスに対する消費者の信用を得て、商標に「信頼」や「安心」といったブランドイメージがついていきます。商標は、「もの言わぬセールスマン」といわれることもあり、商品やサービスの顔として重要な役割を果たしています。その商標を事業者固有の財産として守るのが「商標権」という知的財産権です[5]。

　米国や豪州など、農業生産物に関する歴史の浅い国々においては、同一品質、大量生産が重要視され、地理的表示は馴染まない面があります。従って、地理的表示よりも商標登録を重要視する傾向があります。商標と地理的表示は、ともに名称の表示保護が目的であるために、競合関係にあります。

　TRIPS協定の22条3および23条2では、「真の原産地記載がないために公衆を誤認させる場合に限り、利害関係者の申立てにより、地理的表示を含む商標の登録を拒絶又は無効とする」ただし、ぶどう酒および蒸留酒では、「公衆の誤認の有無に関わらず、拒絶又は無効とする」とあります。24条5には、「協定適応以前、または、該当する地理的表示登録以前に善意で取得された商標は、互いに拮抗しても、継続して有効」とあります。しかし、これらですべての場合を網羅することは出来ず、加盟国は国内法で相互の関係を埋めています[6]。

※写真はイメージです

商標は「もの言わぬセールスマン」！

5 日本の地理的表示保護制度

地理的条件から生まれるブランド

　日本においては、2015年に「特定農林水産物等の名称の保護に関する法律」[7]が施行されました。当初、基準を満たす生産者だけがGIとそのマーク（右の図）を独占使用でき、国の取締で模倣品を排除し、ブランド価値を守れるなど、良好な効果への期待がありました。また、貿易相手国との間で、ブランド価値を相互保護することによって、海外においても日本のブランドが有効に機能すると考えられました。ビジネスにおいても、地域と結びついた産品の品質、製法、評判、ものがたりなど、潜在的な魅力や強みを見える化できるので、ブランドの強化が期待されていました。

　この法律が施行された結果、2022年11月現在、122産品がGI登録されています。GI登録・GIブランドの価値を高めるため、今日までほかの産品よりも優位な品質、厳しい生産管理を重視する運用が行われ、模倣品排除を通じた産品のブランド強化、ビジネスの拡大、所得や地域の活力の向上に貢献出来ました。

　反面、運用が徐々に厳格化し、GI産品は、他産品との品質差を証明し易く、地域でまとまり易い小規模化に陥り、登録産品は地場の伝統野菜等に偏り、知名度の高いもの、加工品、輸出志向の産品は、まだ僅かです。市場において目にする機会も限定的であり、GIの認知や価値向上に課題があることが見えてきました。

　農林水産省 輸出・国際局は、2022年GI制度について、認知や価値を高めていくために、審査基準や登録前後における手続き、GIの市場における露出の拡大等の運用を見直すことになりました[8]。

5 日本の地理的表示保護制度

日本の登録標章（GIマーク）

登録された産品の地理的表示と併せて付けるもので、産品の確立した特性と地域との結び付きが見られる真正な地理的表示産品であることを証明するものです。

日本の地理的表示保護制度のものであることをわかりやすくするため、大きな日輪を背負った富士山と水面をモチーフに、日本国旗の日輪の色である赤や伝統・格式を感じる金色を使用し、日本らしさを表現。

※写真はイメージです

日本の神戸牛なども、マークの対象となる食品です

157

Column

チーズのプロに学んでワインを美味しく飲もう！

　欧州におけるGIの主役はワインとチーズのようで、AOCやAOPから両者を除いたら、隙間だらけの宝箱になりそうです。フランスでは、チーズこそワインの最高の伴侶とされてきた歴史があり、ワインとチーズの関係は「マリアージュ」と呼ばれてきました。

　両者の合わせ方は、成書「チーズの科学」[8]に詳しい説明があります。酸味、塩味、脂肪分、香りなどの原則にしたがい、「趣向という食の二次機能に科学的メスを入れる」入口へ誘われた気持ちになります。

　説明の終わりに「産地の原則」があります。フランスでは料理と同様、チーズとワインも同じ産地や産地が近いもの同士の相性が良いとされています。有名な組合せ例として、ナポレオンも愛したブルゴーニュ産赤ワインのシャンベルタン（appellation gevrey-chambertin contrôlée）と、それと一緒に味わうために作られたウォッシュタイプ（件のワインで洗浄）チーズのシャンベルタン（PDO: L'Ami du chambertin）などがあります。その他の組合せ例として、ロワーヌ地方のサンセールとシャヴィニョル、アルザス地方のゲヴュルツトラミネールとマンステール、サヴォワ地方のヴァン・ド・サヴォワとトム・ド・サヴォワなどがあります。

　欧州で発展したGIの歴史からは、単なるお話だけではなく、そこに住む人びとが産品だけではなく産地をも育むために注いだ愛情や思いが伝わってきます。それは、GIありきではなく、情熱の賜物が結果としてGIに生かされているように感じます。

※写真はイメージです

▶ TRIPS 協定 [2]

「2　先行する欧州の地理的表示 (GI)」にて紹介した、TRIPS 協定について整理しておきましょう。

背景
1980 年代以降、発明・デザイン等の知的財産を伴った商取引が増加しました。知的財産を保護する実効的な国際ルールがないために、偽ブランド商品や海賊版 CD など国際貿易に甚大な被害が及びました。

目的
国際的な自由貿易秩序維持形成のための知的財産権の十分な保護や権利行使手続の整備を加盟各国に義務付けることが目的です。多国間協定であり、WTO の規定によって加盟各国は本協定の拘束を受け、協定の内容は各国の法律に反映します。

意義
1) 知的財産権に関する既存の条約 (パリ条約、ベルヌ条約等) の遵守を義務づけた上でさらなる保護の強化を規定しました。
2) 内国民待遇 (自国民と外国人の差別の禁止) とともに最恵国待遇 (最も有利な待遇の国よりも不利でない待遇) を基本原則としました。
3) 知的財産権行使 (自己の知的財産権を侵害している者を訴えて、当該製品の販売製造・製品を使用した事業の差止請求や損害賠償などの請求) に関する規定を創設しました。
4) 多国間における紛争解決手続を導入しました。協定に違反した場合、WTO の中の紛争解決機関 (DSB: dispute settlement body) に提訴し、違反措置の是正を求めることが可能になりました。是正が勧告された場合、応じないと制裁措置が生じます。

第 **12** 章

公正な食品の
取引のために

introduction

この章では、前章までの内容を総括する意味で、公正な食品の取引を行う視点から、まずは、いわゆる「健康食品」に関する 19 のメッセージ (食品安全委員会) を紹介し、次に食品貿易と関連する新しい国際的な枠組みを 2 つ説明します。

https://www.fsc.go.jp/osirase/kenkosyokuhin.data/kaniban.pdf

1 公正な食の取引のために

いわゆる「健康食品」に関する19のメッセージとは [1]

このメッセージは「健康食品の誤った使用によって、健康被害を受けることを未然に防ぐ」ことが目的です。「健康食品」に限らず食品には、多かれ少なかれ健康被害を起こす可能性（リスク）があります。そのため、このメッセージでは一般食品の「いわゆる健康食品」から法令で定める保健機能食品（栄養機能食品、特定保健用食品、機能性表示食品）までを対象にしています。メッセージの内容は、健康被害が起こる要因ごとに文献から科学的事実を取りまとめています。

メッセージでは、まず「健康食品」を摂取するまえに考えたい19の基本事項を、1) 食品としての安全性、2)「健康食品」としての安全性、3)「健康食品」を摂る人と摂る目的、4)「健康食品」の情報、5)「健康食品」の摂取の5つに分類し、提示・発信しています。要点を整理すると、1) 健康の保持・増進の基本は、健全な食生活、適度な運動、休養・睡眠です。2) 今の自分に本当に必要か、信頼できる（科学的根拠のある）情報を入手して、考えてください。3) 購入／摂る場合は、19のメッセージで述べられている点に注意して選択してください。4) 摂取量を増やすことは、健康被害のリスクを高めるので、増量は控えましょう 5) 摂取後、体調が悪くなったら、すぐに摂るのをやめてください。とメッセージを送っています。

なお、微量栄養素のサプリメント摂取者では、通常の食事で充足している場合も多く、過剰摂取となるリスクを伴うので、自己判断に頼らないで、専門家に相談することが大切です [1, 2]。

いわゆる「健康食品」について安全な選択をするために（19のメッセージ）は、次のリンク、QRコードから確認できます。

https://www.fsc.go.jp/iinkai/20shunen/04_kenkosyokuhin.html

1 公正な食の取引のために

健康を維持するのは、規則正しい生活習慣

163

2 新しい国際的な枠組み

環太平洋パートナーシップ(TPP)

　高い水準の、野心的で、包括的な、バランスの取れた協定を目指し交渉が進められてきた経済連携協定です。参加国は、オーストラリア（豪州）、ブルネイ、カナダ、チリ、日本、マレーシア、メキシコ、ニュージーランド（NZ）、ペルー、シンガポール、米国およびベトナムの合計12か国です。2017年1月、米国が離脱しましたが、2018年3月11か国の閣僚は環太平洋パートナーシップ（TPP: Trans-Pacific Partnership）[3]に関する包括的および先進的な協定（TPP11協定）を大筋合意し、2018年12月に発効しました。

　この協定の意義は、成長著しいアジア太平洋地域に大きなバリュー・チェーン[*1]の構築が促進されることにより、域内のヒト・モノ・資本・情報の往来が活発化し、生産性の向上を図り、この地域を世界で最も豊かな地域にすることへの期待です。物品の関税だけでなく、サービス、投資の自由化・円滑化を進め、さらには知的財産、電子商取引、国有企業の規律、環境など、幅広い分野で21世紀型の新たなルールを構築するための法的枠組みを定めています。

　長期的、戦略的には、自由、民主主義、基本的人権、法の支配といった普遍的価値を共有する国ぐにとともに経済的な相互依存関係を深めていく意義があります。貿易・投資の新たな基軸を打ち立て、今後の世界の貿易・投資ルールの新たなスタンダードを提供し、アジア太平洋地域の成長・繁栄・安定に寄与することが期待されます。

*1　商品やサービスの提供活動における一連の価値連鎖。

2 新しい国際的な枠組み

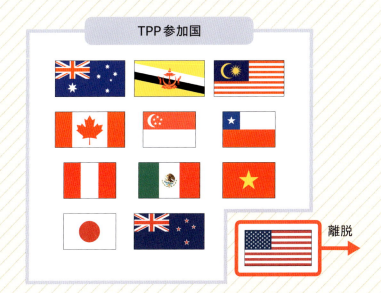

TPP参加国とTPPによる新しいルールづくり

幅広い分野での法的枠組み

- 物品の関税
- サービス、投資の自由化・円滑化
- 知的財産
- 電子商取引
- 国有企業の規律
- 環境

TPP参加国

米国 → 離脱

3 地域的な包括的経済連携協定

　地域的な包括的経済連携（RCEP: regional comprehensive economic partnership）協定[4,5]とはASEANによる中国や日本、韓国、豪州、NZとの関与を拡大し、深化させる協定です。参加国を合わせると、世界のGDP、貿易総額ならびに人口の約30％を占め、我が国の貿易総額の約5割を占める地域との経済連携です。

　参加国は日本を含む15か国です。なお、以前は参加していたインド（2019年11月以降交渉不参加）については、将来的な加入円滑化や関連会合へのオブザーバー参加容認等を定める15か国の閣僚宣言を発出し、復帰を働きかけていますが、2023年6月現在の署名に不参加です。

　この連携の目的は、地域的な貿易や投資の拡大促進、ならびに世界的な経済成長および発展に貢献することです。そのために現代的な、包括的な、質の高い、そして互恵的な経済上の連携を構築することです。したがって、地域のビジネスや人びとに市場ならびに雇用の機会をもたらす期待ができます。

　対象分野も物品の貿易／原産地規則／税関手続および貿易円滑化／衛生植物検疫措置／任意規格、強制規格ならびに適合性評価手続／貿易上の救済／サービスの貿易／自然人の一時的な移動／投資／知的財産／電子商取引／競争／中小企業／経済協力および技術協力／政府調達／紛争解決等で、開かれた、包摂的でルールに基づいた多角的貿易体制とともに機能し、かつ、これを支援する協定となります。

＊1　外務省、ttps://www.mofa.go.jp/mofaj/gaiko/fta/j-eacepia/ を参考に作成

3 地域的な包括的経済連携協定

地域的な包括的経済連携（RCEP）協定の対象分野と各省所管品目

RCEP協定の対象分野

- 物品の貿易
- 原産地規則
- 税関手続および貿易円滑化
- 衛生植物検疫措置
- 任意規格、強制規格並びに適合性評価手続き
- 貿易上の救済
- サービスの貿易
- 自然人の一時的な移動
- 投資
- 知的財産
- 電子商取引
- 競争
- 中小企業
- 経済協力および技術協力
- 政府調達
- 紛争解決

※開かれた、包摂的でルールに基づいた多角的貿易体制とともに機能

地域的な包括的経済連携（RCEP）協定に関する各省所管品目[*1]

財務省	農水省	経産省
酒類、たばこ、塩の合意（令和2年11月）	農林水産品関連の合意は、本章のNOTE参照（令和2年11月）	品目数ベースの工業製品の関税撤廃率 ⇒ 相手国側91.5%、日本側98.6%（令和3年4月）

Column

日本人のビタミン並びにミネラルの摂取量

　栄養補助食品（サプリメント）については、米国のDSHEA（第8章参照）では明確な定義がありましたが、日本にはそのような定義はありません。厚生労働省の調査によると、健康食品や栄養補助食品の利用が拡大し、毎日利用する人は約30%、利用経験がある人は約80%です。その目的は、健康の維持、栄養成分の補給、疲労回復、ダイエット、病気予防です。成分としては、ビタミンやミネラルが脚光を浴び、1980年前後、欧米で錠剤・カプセル状の栄養補助食品が登場しました。

　国民の栄養摂取の改善に向けた自主的な努力を促進するための「日本人の食事摂取基準（2020年版）[2]」は、エネルギーおよび栄養素の指標として、推定平均必要量、推奨量、目安量、耐容上限量、目標量の5つを設定し策定しています。このうち、生活習慣病の発症予防を目的とした目標量は、現在の日本人が当面の目標とすべき摂取量です。脂溶性および水溶性ビタミン並びにミネラル（微量）については、全例で目標量の策定はなく、健康障害をもたらすリスクがないとみなされる習慣的な摂取量の上限である耐容上限量が、それぞれ、3/4例、3/9例、8/8例で策定されています。

　これらのことから、現在の日本人は通常の食事からビタミンおよびミネラルは充分に摂取できており、健康面でのプラス効果を期待して、栄養補助食品の形態で摂取することの意義は低いと考えられます。むしろ過剰摂取に注意が必要ではないでしょうか。

NOTE

▶ RCEP 協定における農林水産品関連の合意概要 [4, 5]

日本側の関税について

1) 重要5品目（米、麦、牛肉・豚肉、乳製品、甘味資源作物）について、関税削減・撤廃からすべて除外しました。
2) 中国に対しては、鶏肉調製品や野菜等（たまねぎ、ねぎ、にんじん、しいたけ、冷凍さといも、冷凍ブロッコリー、うなぎ調製品等）を関税削減・撤廃の対象としていません。
3) 農林水産品の関税撤廃率は、TPP、日EU・EPA[*1]（各82%）よりも大幅に低い水準に抑制しました。（対ASEAN・豪州・NZは61%、初のEPA[*1]となる中国は56%、韓国は49%）

各国の関税について

1) 中国からは、パックご飯等、米菓、ほたて貝、さけ、ぶり、切り花、ソース混合調味料、清酒などの輸出関心品目の関税を撤廃しました。
2) 韓国からは、菓子（キャンディー、板チョコレート）、清酒の関税を撤廃しました。
3) インドネシアからは、牛肉、醤油等の関税を撤廃しました。

ルール分野について

税関手続や衛生植物検疫(SPS)措置をしました。知的財産権等に関し、農林水産物・食品の輸出促進に資する環境を整備しました。

*1 EPA (economic partnership agreement) とは、2以上の国（または地域）の間で締結する包括的経済連携協定をいう。

付録

PRISMA 声明とチェックリスト

届出された研究レビューの質に関する検証事業報告書

「機能性表示食品」制度（2015年4月開始）では、事業者の責任において、機能性（疾病リスクの低減は除外）を「最終製品を用いた臨床試験」、「最終製品または機能性関与成分に関する研究レビュー（SR）」のいずれかで示し、消費者庁長官に届け出ることで、当該製品が健康維持や増進に期待できる旨の表示を行うことができます。

上岡らは、届出されたSRの質に関して「PRISMA声明チェックリスト：機能性表示食品のための拡張版」に基づいて、さらにSRを行った科学的根拠の検証結果を公表しました（2016年3月）[1]。

2015年10月までに公表された当該製品122件から「届出の撤回」、「最終製品を用いた臨床試験による届出」を除いた99件（編）の届出SRの内、重複する48編を除く、51編の届出SRを質評価の対象としました。最終的にメタアナリシスを実施した定量的届出SRは9編でした（図1）。

総論としては、PRISMA声明チェックリストの項目番号を本文中に示すと報告のポイントを明確に判断しやすくなるため、今後、届出SRでは推奨される記述方法だと述べています。また、たとえば不都合な結果であった場合、あえてメタア

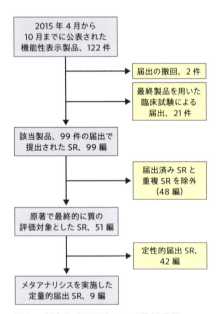

図1　対象とする届出SRの選別過程

消費者庁,「機能性表示食品」制度における機能性に関する科学的根拠の検証－届け出られた研究レビューの質に関する検証事業報告書（2016）より改変して作成.

ナリシスによる結果を示さずに、定性的 SR として結論を導き出すことが懸念されるため、メタアナリシスの有無に限らず、SR 実施前にプロトコールを事前登録することは、偏った報告を防ぐために必要であり、今後の改善事項と説明しています。

PRISMA 声明とガイドライン

　1996 年、Moher D ら国際グループによって SR と MA のための優先報告項目に関する PRISMA 声明（preferred reporting items for systematic reviews and meta-analyses：statement）の初版が発表され[2]、2021 年には、その改訂版「PRISMA2020 声明」が BMJ から発表されました[3]。

　Page MJ らによれば、PRISMA2009 声明は、SR が何故行われたのか？　著者は何を行ったのか？　そして何を発見したのかを、透明性をもって報告できるように設計されていますが、この 10 年間で、SR の方法論と用語が進歩したことにより、ガイドラインの更新が必要となりました。PRISMA2020 声明は、研究の識別、選択、評価、統合の方法の進歩を反映した新しいガイダンスを含んでいます。また、実施しやすいように項目の構成や表示も変更されました。27 項目のチェックリスト、各項目に関する報告推奨事項の詳細を記載した拡張チェックリスト、PRISMA2020 声明の抄録チェックリスト、オリジナルレビューと更新レビューの改訂版フロー図を紹介しています。

　PRISMA2020 声明への更新に伴って「機能性表示食品の届出等に関するガイドライン」も改正されました（2023 年 9 月 29 日）[4,5]。

　上岡らは「PRISMA 2020 声明の解説と日本語訳」[6]を発表しています。また、機能性表示食品の届出等に関するガイドライン（新旧対照表[1,7]）の別紙 5 および 5-1 には、PRISMA2009 声明と PRISMA2020 声明のチェックリストの比較対照表が掲示されています。

おわりに

　食の安全性と機能性が秩序を保つために、国際的な組織や各国の政府機関が行っている政策や施策を比較検証することを目的として、本書の執筆を始めました。執筆を始めた当時は、戦時下のウクライナからの穀物輸出の成否が問われていました。国連とトルコの仲介により、出荷は再開し、輸入国の食料危機を避けることができました。その後、イスラエルとハマスによる戦闘が開始しました。第1章では、国連世界食糧計画（WFP）の活動を紹介し、深刻な飢餓の撲滅には、紛争のない世界の構築が最も大切と説明しました。無差別の殺戮が繰り返されるガザ地区へ向かうWFPのトラック隊列は、武力以外の紛争解決手段として印象的です。食糧支援は、いずれ、人びとを紛争の影響から立ち直らせ、平和、安定、繁栄への道筋を築くものです。

　第2章では、国際的な政府間機関であるコーデックス委員会（CAC）の活動を紹介し、国際的な食品規格・基準であるコーデックス規格（CA）が、消費者の健康を守り、公正な食品貿易の実施を確保するために策定されていると説明しました。第3章では「この憲章の当事国は、国際連合憲章に従い、次の諸原則がすべての人民の幸福と円満な関係と安全の基礎であることを宣言する」とのWHO憲章の序文を紹介しました。互いの利害が衝突し、分断が顕在化している昨今の国際社会ですが、先人たちが築いてきた秩序は、ルールに則り食糧を手段として人々の健康や幸福を享受する道筋です。

　第4章からは、欧州食品安全機関（EFSA）や米国食品医薬品局（FDA）における食の安全性や機能性について、それぞれの歴史から説明を始めました。EFSAは食品や飼料のリスクについて、管理者から独立して科学的助言を行う評価者の立場を明確にしています。FDAについては、食品行政の歴史が失敗と改善の繰り返しであり、事件が食品の安全を作ってきたこと

おわりに

を説明しました。ヘルスクレームでは、EFSA の NDA パネルは、多くの申請に対して「食品成分の摂取と主張された効果との因果関係は確立されていない」と結論していますが、健康効果がないとの結論ではなく、申請内容の科学的根拠の不充分さや申請書類の不備を指摘しています。FDA では、栄養表示教育法並びに補助食品健康教育法から、ヘルスクレームと消費者や販売業者に対する教育に重きを置いた施策を説明しました。両者には高い独自性があります。

　さて、飽食に浸る日本では、度重なる重要課題や懸案の噴出で、機能性表示制度の根本的な見直しを迫られています。本来、衣食が足りれば、自ずと礼節が重んじられるはずです。しかし、カロリー計算で供給量の 1/3 の食品が破棄されるこの国において、なお、食品行政、食品企業そして国民に対する食の安全性や機能性に関する再教育の必要性が強く求められています。イギリスのことわざに "You may lead a horse to the water, but you can't make him drink" があります。立場を超えて、一人ひとりが、「食を通して、共同体のメンバー並びに自らが健康や幸福を享受するためには、何をすべきか」を真剣に考えるべき時が来ていることを強く感じ、筆ならぬキーボードを休めます。

　最後に、本書の出版にご理解を賜り、本書の刊行をサポートしていただいた上原寧音氏、津留貴彰氏に感謝いたします。

2024 年 8 月

矢嶋信浩

文献・参考情報

章	文献番号	出典元（組織名）	文献／サイト名	URL
第1章	1	国連世界食糧計画	UN World Food Programme	https://wfp.org/
	2	農林水産省	食料自給率とは	https://www.maff.go.jp/j/zyukyu/zikyu_ritu/011.html
	3	農林水産省	食品ロス量が推計開始以来、最少になりました	https://www.maff.go.jp/j/press/shokuhin/recycle/220609.html
	4	FAO	APPLICATION OF RISK ANALYSIS TO FOOD STANDARDS ISSUES, Report of the Joint FAO/WHO Expert Consultation, Geneva, Switzerland 13-17 March 1995 (fao.org)	https://www.fao.org/3/ae922e/ae922e00.htm
	5	FAO	CODEX ALIMENTARIUS COMMISSION REPORT OF THE TWENTY-SIXTH SESSION: Appendix IV. Working Principles for Risk Analysis for Application in the Framework of the Codex Alimentarius ISSN 1020-4091 (2003)	https://www.fao.org/3/y4800e/y4800e0o.htm
	6		Working Principles for Risk Analysis for Food Safety for Application by Governments 政府が適用する食品安全に関するリスクアナリシスの作業原則 CAC/GL 62-2007	https://www.fao.org/fao-who-codexalimentarius/sh-proxy/en/?lnk=1&url=https%253A%252F%252Fworkspace.fao.org%252Fsites%252Fcodex%252FStandards%252FCXG%2B62-2007%252FCXG_062e.pdf
	7	EFSA	EFSA (European Food Safety Authority 欧州食品安全機関) ホームページ	https://www.efsa.europa.eu/en
	8	EFSA	External experts	https://www.efsa.europa.eu/en/science/scientific-committee-and-panels
	9	FDA	FDA (U.S. Food and Drug Administration (米国) 食品医薬品局) ホームページ	https://www.fda.gov/
	10	FDA	Initiation and Conduct of All "Major" Risk Assessments within a Risk Analysis Framework	https://www.fda.gov/food/cfsan-risk-safety-assessments/initiation-and-conduct-all-major-risk-assessments-within-risk-analysis-framework
	11	内閣府食品安全委員会 (FSC)	食品安全委員会 ホームページ	https://www.fsc.go.jp/
	12	内閣府食品安全委員会 (FSC)	食品安全委員会の基本姿勢	https://www.fsc.go.jp/iinkai/kihonshisei.html
第2章	1	FAO/WHO (CODEX)	About Codex Alimentarius	https://www.fao.org/fao-who-codexalimentarius/about-codex/en/
	2	FAO/WHO (CODEX)	CODEX ALIMENTARIUS UNDERSTANDING CODEX FIFTH EDITION	https://www.fao.org/3/CA1176EN/ca1176en.pdf
	3	FAO/WHO (CODEX)	Statutes of the Codex Alimentarius Commission	https://www.fao.org/fao-who-codexalimentarius/codex-texts/procedural-manual/sections/section1/section1-1/en/
	4	FAO/WHO (CODEX)	List of Codex Committees: Active	https://www.fao.org/fao-who-codexalimentarius/committees/en/
	5	FAO/WHO (CODEX)	Electronic Working Groups	https://www.fao.org/fao-who-codexalimentarius/committees/ewg/en/
	6	FAO/WHO (CODEX)	CODEX ALIMENTARIUS COMMISSION PROCEDURAL MANUAL Twenty-eighth edition, procedure for the elaboration of Codex standards and related texts and Part 4 Uniform accelerated procedure for the elaboration of Codex standards and related texts, pp.28-30	https://www.fao.org/3/cc5042en/cc5042en.pdf
	7	FAO/WHO (CODEX)	Codex and Science	https://www.fao.org/fao-who-codexalimentarius/about-codex/science/en/
	8	FAO/WHO (CODEX)	Statements of Principle Concerning the Role of Science in the Codex Decision-Making Process	https://www.fao.org/fao-who-codexalimentarius/codex-texts/procedural-manual/sections/appendix/appendix1/en/
	9	FAO/WHO (CODEX)	GENERAL PRINCIPLES OF FOOD HYGIENE CXC 1-1969	https://www.fao.org/fao-who-codexalimentarius/sh-proxy/en/?lnk=1&url=https%253A%252F%252Fworkspace.fao.org%252Fsites%252Fcodex%252FStandards%252FCXC%2B1-1969%252FCXC_001e.pdf
	10	FAO/WHO (CODEX)	CODE OF ETHICS FOR INTERNATIONAL TRADE IN FOOD INCLUDING CONCESSIONAL AND FOOD AID TRANSACTIONS	https://www.fao.org/fao-who-codexalimentarius/sh-proxy/en/?lnk=1&url=https%253A%252F%252Fworkspace.fao.org%252Fsites%252Fcodex%252FStandards%252FCXC%252B20-1979%252FCXP_020e.pdf

文献・参考情報

章	文献番号	出典元（組織名）	文献／サイト名	URL
第3章	1	WHO	WHO ホームページ	https://www.who.int/
	2	WHO	History of WHO	https://www.who.int/about/history/
	3	外務省	世界保健機関（WHO）概要 外務省	https://www.mofa.go.jp/mofaj/gaiko/who/who.html
	4	WHO	Global NCD target: reduce high blood pressure	https://www.who.int/publications/i/item/global-ncd-target-reduce-high-blood-pressure
	5	WHO FCTC	WHO FRAMEWORK CONVENTION ON TOBACCO CONTROL	https://fctc.who.int/who-fctc/overview
	6	WHO FCTC	Global Strategy To Accelerate Tobacco Control	https://iris.who.int/bitstream/handle/10665/325887/WHO-CSF-2019.1-eng.pdf?sequence=1
	7	WHO	WHO report on the global tobacco epidemic	https://www.who.int/initiatives/mpower
	8	WHO	Prevention of Cardiovascular Disease/ Guidelines for assessment and management of cardiovascular risk	https://www.who.int/publications/i/item/9789241547178
	9	WHO	Global strategy to reduce the harmful use of alcohol	https://www.who.int/publications/i/item/9789241599931
	10	WHO	No level of alcohol consumption is safe for our health	https://www.who.int/europe/news/item/04-01-2023-no-level-of-alcohol-consumption-is-safe-for-our-health
	11	WHO	Diet, nutrition and the prevention of chronic diseases: report of a joint WHO/FAO expert consultation	https://www.who.int/publications/i/item/924120916X
	12	WHO	Guideline : Sodium intake for adults and children	https://iris.who.int/bitstream/handle/10665/77985/9789241504836_eng.pdf?sequence=1
	13	WHO	Reducing population sodium/salt intake	https://www.who.int/activities/reducing-population-sodium-salt-intakes
	14	WHO	Sodium reduction	https://www.who.int/news-room/fact-sheets/detail/salt-reduction
	15	WHO	Effect of reduced sodium intake on blood pressure, renal function, blood lipids and other potential adverse effects	https://iris.who.int/bitstream/handle/10665/79325/9789241504911_eng.pdf
	16	WHO	Effect of reduced sodium intake on blood pressure and potential adverse effects in children	https://iris.who.int/bitstream/handle/10665/79328/9789241504898_eng.pdf;sequence=1
	17	WHO	Guideline:Potassium intake for adults and children	https://iris.who.int/bitstream/handle/10665/77986/9789241504829_eng.pdf
	18	消費者庁	「機能性表示食品の届出等に関するガイドライン」の一部改正について	https://www.caa.go.jp/policies/policy/food_labeling/foods_with_function_claims/assets/foods_with_function_claims_230929_0001.pdf
	19		Page MJ et al.,The PRISMA 2020 statement: an updated guideline for reporting systematic reviews.,BMJ.,372 (2021).	DOI: 10.1371/journal.pmed.1000097
	20		Page MJ et al., The PRISMA 2020 statement: an updated guideline for reporting systematic reviews., *BMJ*., 372 (2021).	DOI: https://doi.org/10.1136/bmj.n71
第4章	1	欧州食品安全機関（EFSA）	EFSA ホームページ	https://www.efsa.europa.eu/en
	2	欧州食品安全機関（EFSA）	EFSA について（About us）	https://www.efsa.europa.eu/en/about/about-efsa
	3	欧州食品安全機関（EFSA）	外部専門家（External experts）	https://www.efsa.europa.eu/en/science/scientific-committee-and-panels
	4	欧州食品安全機関（EFSA）	Qualified presumption of safety	https://www.efsa.europa.eu/en/topics/topic/qualified-presumption-safety-qps
	5	欧州食品安全機関（EFSA）	Quality Management System	https://www.efsa.europa.eu/en/search?s=Quality+Management+System
	6	欧州食品安全機関（EFSA）	Annual Quality Management Review 2020	https://www.efsa.europa.eu/sites/default/files/2021-06/annual-quality-management-review-2020_0.pdf

章	文献番号	出典元（組織名）	文献／サイト名	URL
第5章	1	米国食品医薬品局（FDA）	FDA ホームページ	https://www.fda.gov/
	2	米国食品医薬品局（FDA）	The History of Food & Cosmetics Regulation	https://www.fda.gov/about-fda/histories-fda-regulated-products/history-food-cosmetics-regulation
	3	米国食品医薬品局（FDA）	A Century of Ensuring Safe Foods and Cosmetics	https://www.fda.gov/media/110464/download
	4	米国食品医薬品局（FDA）	Generally Recognized as Safe (GRAS)	https://www.fda.gov/food/food-ingredients-packaging/generally-recognized-safe-gras
	5	米国食品医薬品局（FDA）	SCOGS (Select Committee on GRAS Substances)	https://www.cfsanappsexternal.fda.gov/scripts/fdcc/?set=SCOGS
	6	米国食品医薬品局（FDA）	Food Safety Modernization Act (FSMA)	https://www.fda.gov/food/guidance-regulation-food-and-dietary-supplements/food-safety-modernization-act-fsma
	7	米国食品医薬品局（FDA）	Pandemic and All-Hazards Preparedness Reauthorization Act of 2013 (PAHPRA)	https://www.fda.gov/emergency-preparedness-and-response/mcm-legal-regulatory-and-policy-framework/pandemic-and-all-hazards-preparedness-reauthorization-act-2013-pahpra
	8	米国食品医薬品局（FDA）	New Era of Smarter Food Safety Blueprint	https://www.fda.gov/food/new-era-smarter-food-safety/new-era-smarter-food-safety-blueprint
	9	米国食品医薬品局（FDA）	GRAS Substances (SCOGS) Database	https://www.fda.gov/food/generally-recognized-safe-gras/gras-substances-scogs-database
第6章	1	e-Gov	食品安全基本法	https://elaws.e-gov.go.jp/document?lawid=415AC0000000048
	2	内閣府食品安全委員会（FSC）	食品安全委員会とは	https://www.fsc.go.jp/iinkai/
	3	内閣府食品安全委員会（FSC）	食品安全基本法（平成15年法律第48号）の概要	https://www.fsc.go.jp/hourei/kihonhou-gaiyou.pdf
	4	内閣府食品安全委員会（FSC）	食品安全委員会の基本姿勢	https://www.fsc.go.jp/iinkai/kihonshisei.html
	5	内閣府食品安全委員会（FSC）	内閣府組織図	https://www.cao.go.jp/about/doc/soshikizu.pdf
	6	消費者庁	消費者庁とは	https://www.caa.go.jp/about_us/about/caa_pamphlet/jp_002.html
第7章	1	欧州食品安全機関（EFSA）	Health claims	https://www.efsa.europa.eu/en/topics/topic/health-claims
	2	EUR-Lex（EU法データベース）	Regulation (EC) No 1924/2006 of the European Parliament and of the Council of 20 December 2006 on nutrition and health claims made on foods	https://eur-lex.europa.eu/legal-content/en/ALL/?uri=CELEX:32006R1924
	3	欧州食品安全機関（EFSA）	"General function" health claims under Article 13	https://www.efsa.europa.eu/en/topics/topic/general-function-health-claims-under-article-13
	4	欧州食品安全機関（EFSA）	Criteria for the initial screening of Article 13 (3) health claims of Regulation (EC) No 1924/2006 Agreed by the NDA panel on 7 October 2008	https://www.efsa.europa.eu/sites/default/files/topic/ndaart13torax01.pdf
	5	欧州食品安全機関（EFSA）	Claims on disease risk reduction and child development or health under Article 14	https://www.efsa.europa.eu/en/topics/topic/claims-disease-risk-reduction-and-child-development-or-health-under

文献・参考情報

章	文献番号	出典元（組織名）	文献／サイト名	URL
第7章	6		Turck D et al.,Scientific advice related to nutrient profiling for the development of harmonised mandatory front-of-pack nutrition labelling and the setting of nutrient profiles for restricting nutrition and health claims on foods., *EFSA JORNAL* (2022).	https://doi.org/10.2903/j.efsa.2022.7259
	7	欧州食品安全機関（EFSA）	Nutrient profiling – scientific advice for EU Farm to Fork initiative	https://www.efsa.europa.eu/en/news/nutrient-profiling-scientific-advice-eu-farm-fork-initiative
	8	欧州食品安全機関（EFSA）	Questions on hold Botanical claims	https://view.officeapps.live.com/op/view.aspx?src=https%3A%2F%2Fwww.efsa.europa.eu%2Fsites%2Fdefault%2Ffiles%2F2021-06%2Fquestions-on-hold-botanical-claims.xlsx&wdOrigin=BROWSELINK
	9	欧州委員会（EU）	The European Green Deal	https://commission.europa.eu/strategy-and-policy/priorities-2019-2024/european-green-deal_en
	10	欧州委員会（EU）	Farm to Fork strategy	https://food.ec.europa.eu/horizontal-topics/farm-fork-strategy_en
第8章	1	AUTHENTICATED U.S. GOVERNMENT INFORMATION	Nutrition Labeling and Education Act (1990)	https://www.congress.gov/101/statute/STATUTE-104/STATUTE-104-Pg2353.pdf
	2	AUTHENTICATED U.S. GOVERNMENT INFORMATION	Dietary Supplement Health and Education Act (1994)	https://www.govinfo.gov/content/pkg/STATUTE-108/pdf/STATUTE-108-Pg4325.pdf
	3	米国食品医薬品局（FDA）	Authorized Health Claims That Meet the Significant Scientific Agreement (SSA) Standard	https://www.fda.gov/food/food-labeling-nutrition/authorized-health-claims-meet-significant-scientific-agreement-ssa-standard#Approved_Health_Claims
	4	米国食品医薬品局（FDA）	Food Labeling Guide	https://www.fda.gov/media/81606/download
	5	米国食品医薬品局（FDA）	Changes to the Nutrition Facts Label	https://www.fda.gov/food/food-labeling-nutrition/changes-nutrition-facts-label
	6	米国食品医薬品局（FDA）	FDA's Nutrition Initiatives	https://www.fda.gov/food/food-labeling-nutrition/fdas-nutrition-initiatives
	7	米国食品医薬品局（FDA）	The Nutrition Facts Label	https://www.fda.gov/food/nutrition-education-resources-materials/nutrition-facts-label
	8	米国食品医薬品局（FDA）	Understanding Dietary Supplements	https://www.fda.gov/media/158337/download?attachment
	9	米国食品医薬品局（FDA）	Current Good Manufacturing Practices (CGMPs) for Food and Dietary Supplements	https://www.fda.gov/food/guidance-regulation-food-and-dietary-supplements/current-good-manufacturing-practices-cgmps-food-and-dietary-supplements
	10	米国食品医薬品局（FDA）	Dietary Supplements	https://www.fda.gov/food/dietary-supplements
	11	米国食品医薬品局（FDA）	FDA Launches New Dietary Supplement Education Initiative	https://www.fda.gov/food/cfsan-constituent-updates/fda-launches-new-dietary-supplement-education-initiative
	12	米国食品医薬品局（FDA）	Dietary Supplements: How FDA Helps Keep You Safe	https://www.fda.gov/media/158340/download?attachment
	13	米国食品医薬品局（FDA）	Notifications for Structure/Function and Related Claims in Dietary Supplement Labeling	https://www.fda.gov/food/information-industry-dietary-supplements/notifications-structurefunction-and-related-claims-dietary-supplement-labeling
第9章	1	消費者庁	食品表示法等（法令及び一元化情報）	https://www.caa.go.jp/policies/policy/food_labeling/food_labeling_act/
	2	消費者庁	栄養成分表示について	https://www.caa.go.jp/policies/policy/food_labeling/nutrient_decleration

177

章	文献番号	出典元（組織名）	文献／サイト名	URL
第9章	3	消費者庁	〈事業者向け〉食品表示法に基づく栄養成分表示のためのガイドライン	https://www.caa.go.jp/policies/policy/food_labeling/nutrient_declearation/business/assets/food_labeling_cms206_20220531_08.pdf
	4	消費者庁	知っていますか？栄養機能食品	https://www.caa.go.jp/policies/policy/food_labeling/health_promotion/pdf/food_labeling_cms206_20200730_02.pdf
	5	消費者庁	特定保健用食品について	https://www.caa.go.jp/policies/policy/food_labeling/foods_for_specified_health_uses/
	6	消費者庁	別添1　特定保健用食品の審査等取扱い及び指導要領	https://www.caa.go.jp/policies/policy/food_labeling/information/archive/2014/pdf/syokuhin1346.pdf
	7	消費者庁	特定保健用食品許可（承認）品目一覧（令和6年6月17日更新）	https://view.officeapps.live.com/op/view.aspx?src=https%3A%2F%2Fwww.caa.go.jp%2Fpolicies%2Fpolicy%2Ffood_labeling%2Fhealth_promotion%2Fassets%2Ffood_labeling_cms206_240617_01.xlsx&wdOrigin=BROWSELINK
	8	消費者庁	機能性表示食品について	https://www.caa.go.jp/policies/policy/food_labeling/foods_with_function_claims/
	9	消費者庁	機能性表示食品の届出等に関するガイドライン	https://www.caa.go.jp/policies/policy/food_labeling/foods_with_function_claims/assets/foods_with_function_claims_230929_0002.pdf
	10	消費者庁	さくらフォレスト株式会社に対する景品表示法に基づく措置命令について	https://www.caa.go.jp/notice/entry/033865/
	11	消費者庁	機能性表示食品に係る届出資料の再検証等について（依頼）	https://www.caa.go.jp/policies/policy/food_labeling/foods_with_function_claims/assets/foods_with_function_claims_230707_0002.pdf
	12	消費者庁	健康食品	https://www.caa.go.jp/policies/policy/consumer_safety/food_safety/food_safety_portal/health_food/
第10章	1	東南アジア諸国連合（ASEAN）	ASEANホームページ	https://asean.org/
	2	日本貿易振興機構（ジェトロ）	日本からの輸出に関する制度	https://www.jetro.go.jp/industry/foods/exportguide/country.html
	3	日本貿易振興機構（ジェトロ）	JETRO健康食品	https://www.jetro.go.jp/search_result.html?q=%E5%81%A5%E5%BA%B7%E9%A3%9F%E5%93%81&x=15&y=11&cx=10478482079135973694%3A2x0uodychjs&ie=UTF-8&oe=UTF-8
	4	Ministry of Food and Drug Safety	Health Functional Food Code 2021 (No. 2020-92, September 23, 2020).	https://www.mfds.go.kr/eng/brd/m_15/view.do?seq=70011
	5	日本貿易振興機構（ジェトロ）	健康食品調査（中国）	https://www.jetro.go.jp/ext_images/_Reports/02/2016/84dd8e088ba38d31/rphealth_pcs201603.pdf
	6	アジア大洋州局地域政策参事官室	「目で見るASEAN」－ASEAN経済統計基礎資料－	https://www.mofa.go.jp/mofaj/files/000127169.pdf
	7	アセアンサプリメント協会アライアンス（AAHSA）	ASEAN Harmonised Technical Guidelines and Standards for Health Supplements	https://aahsa.org.sg/asean-technical-guidelines/
	8	Vitafoods	ASEAN harmonised standards and requirements for health supplements	https://www.vitafoodsinsights.com/regulation/asean-harmonised-standards-and-requirements-health-supplements
	9	日本貿易振興機構（ジェトロ）	健康食品調査（タイ）	https://www.jetro.go.jp/ext_images/jfile/report/07002010/health-bgk.pdf
	10	日本貿易振興機構（ジェトロ）	健康食品調査（インドネシア）	https://www.jetro.go.jp/ext_images/jfile/report/07002010/health-jkt.pdf
	11	日本貿易振興機構（ジェトロ）	健康関連食品調査（シンガポール）	https://www.jetro.go.jp/ext_images/_Reports/02/2023/74dc32d015494f4b/pf_spr_01.pdf

文献・参考情報

章	文献番号	出典元（組織名）	文献／サイト名	URL
第10章	12	日本貿易振興機構（ジェトロ）	マレーシアにおける健康食品ビジネス関連規制および手続きに関する調査報告書	https://www.jetro.go.jp/ext_images/_Reports/02/2024/a6b4dfcf0a7191e3/202403.pdf
	13	日本貿易振興機構（ジェトロ）	健康食品（ベトナム）	https://www.jetro.go.jp/world/reports/2024/02/5805830a6128189c.html
	14	外務省	外務省，「なぜいまグローバルサウスを論じるか」，外交専門誌『外交』Vol.75（2023）．	https://www.mofa.go.jp/mofaj/press/pr/gaikou/page24_001945.html
第11章	1	農林水産省	地理的表示（GI）保護制度	https://www.maff.go.jp/j/shokusan/gi_act/
	2	特許庁	TRIPS協定	https://www.jpo.go.jp/system/laws/gaikoku/trips/index.html
	3	世界知的所有権機関（WIPO）	Geographical Indications	https://www.wipo.int/geo_indications/en/
	4	EU MAG	欧州の「本物の美味しさ」を保証する認証制度	https://eumag.jp/issues/c1013/
	5	特許庁	商標制度の概要	https://www.jpo.go.jp/system/trademark/gaiyo/seidogaiyo/chizai08.html
	6		髙橋悌二 著，『農林水産物・飲食品の地理的表示』，農山漁村文化協会（2015）．	
	7	衆議院	特定農林水産物等の名称の保護に関する法律	https://www.shugiin.go.jp/internet/itdb_housei.nsf/html/housei/18620140625084.htm
	8	農林水産省	地理的表示保護制度の運用見直し	https://www.maff.go.jp/j/shokusan/gi_act/outline/attach/pdf/index-10.pdf
	9		齋藤忠夫 著，『チーズの科学』，講談社（2016）．	
第12章	1	内閣府食品安全委員会（FSC）	いわゆる「健康食品」に関する報告書	https://www.fsc.go.jp/osirase/kenkosyokuhin.data/kenkosyokuhin_houkoku.pdf
	2	厚生労働省	日本人の食事摂取基準（2020年版）	https://www.mhlw.go.jp/content/10904750/000586553.pdf
	3	外務省	環太平洋パートナーシップ（TPP）協定交渉	https://www.mofa.go.jp/mofaj/gaiko/tpp/index.html
	4	外務省	地域的な包括的経済連携（RCEP）協定	https://www.mofa.go.jp/mofaj/gaiko/fta/j-eacepia/index.html
	5	農林水産省	RCEP農林水産品関連の合意概要	https://www.maff.go.jp/j/kokusai/renkei/fta_kanren/f_rcep/attach/pdf/index-17.pdf
付録	1	消費者庁	「機能性表示食品」制度における機能性に関する科学的根拠の検証－届け出られた研究レビューの質に関する検証事業報告書	https://xn--w8t70u9nmbrhltj.com/wp-content/uploads/2015/06/food_with_function_report_0001.pdf
	2	消費者庁	「機能性表示食品の届出等に関するガイドライン」の一部改正について	https://www.caa.go.jp/policies/policy/food_labeling/foods_with_function_claims/assets/foods_with_function_claims_230929_0001.pdf
	3	消費者庁	機能性表示食品の届出等に関するガイドライン	https://www.caa.go.jp/policies/policy/food_labeling/foods_with_function_claims/assets/foods_with_function_claims_230929_0002.pdf
	4		Page MJ et al.,The PRISMA 2020 statement: an updated guideline for reporting systematic reviews.,*BMJ*.,372 (2021).	DOI: https://doi.org/10.1136/bmj.n71
	5		Page MJ et al.,The PRISMA 2020 statement: an updated guideline for reporting systematic reviews	https://www.bmj.com/content/bmj/372/bmj.n71.full.pdf
	6		上岡洋晴，金子善博，津谷喜一郎，中山健夫，折笠秀樹「PRISMA 2020声明：システマティック・レビュー報告のための更新版ガイドライン」の解説と日本語訳 *Jpn Pharmacol Ther*（薬理と治療）vol. 49 no. 6 (2021)	http://prisma-statement.org/documents/PRISMA_2020_Japanese.pdf
	7	消費者庁	機能性表示食品の届出等に関するガイドライン（新旧対照表1）	https://www.caa.go.jp/policies/policy/food_labeling/foods_with_function_claims/assets/foods_with_function_claims_230929_0003.pdf

179

略語

章	正式名称	フルスペル	略語
第1章	国連世界食糧計画	World Food Programme	WFP
	コーデックス委員会	Codex Alimentarius Commission	CAC
	欧州食品安全機関	European Food Safety Authority	EFSA
	米国食品医薬品局	U.S. Food and Drug Administration	FDA
	内閣府食品安全委員会	Food Safety Commission of Japan	FSC
	国際連合食糧農業機関	Food and Agriculture Organization of the United Nations	FAO
	世界保健機関	World Health Organization	WHO
	欧州連合	European Union	EU
	食品安全性栄養センター	the Center for Food Safety and Applied Nutrition	CFSAN
第2章	コーデックス委員会	Codex Alimentarius Commission	CAC
	コーデックス規格	Codex Alimentarius	CA
	国際連合食糧農業機関	Food and Agriculture Organization of the United Nations	FAO
	世界保健機関	World Health Organization	WHO
	欧州連合	European Union	EU
	国連世界食糧計画	World Food Programme	WFP
	欧州食品安全機関	European Food Safety Authority	EFSA
	米国食品医薬品局	Food and Drug Administration	FDA
	内閣府食品安全委員会	Food Safety Commission of Japan	FSC
	適正衛生規範	Good hygiene practices	GHP
	危害分析重要管理点	Hazard analysis critical control point	HACCP
第3章	世界保健機関	World Health Organization	WHO
	非感染性疾患	noncommunicable disease	NCD
	タバコ規制枠組条約	Framework Convention on Tobacco Control	FCTC
	タバコの使用と予防方針のモニター	Monitor tobacco use and prevention policies, Protect people from tobacco smoke, Offer help to quit tobacco use, Warn about the dangers of tobacco, Enforce bans on tobacco advertising, promotion and sponsorship, Raise taxes on tobacco	MPOWER
	ランダム化比較試験	Randomized Controlled Trials	RCTs
第4章	欧州食品安全機関	European Food Safety Authority	EFSA
	欧州連合	European Union	EU
	科学委員会	the Scientific Committee	SC
	安全性適格推定 ※パネルは、表4.1を参照。	Qualified presumption of safety	QPS
第5章	米国食品医薬品局	U.S. Food and Drug Administration	FDA
	食品 医薬品 化粧品法	the (Federal) Food, Drug, and Cosmetic Act	FD&C法
	一般に安全と認められる(物質)	Generally Recognized as Safe	GRAS(物質)
	食品安全近代化法	Food Safety Modernization Act	FSMA
	アメリカ疾病予防管理センター	the Centers for Disease Control and Prevention	CDC
	パンデミックおよび全災害準備再承認法	The Pandemic and All-Hazards Preparedness Reauthorization Act	PAHPRA
	GRAS物質特別委員会	Select Committee on GRAS Substances	SCOGS
第6章	内閣府食品安全委員会	Food Safety Commission of Japan	FSC
	コーデックス委員会	Codex Alimentarius Commission	CAC
	残留農薬に関するFAO/WHO合同会議	the Joint FAO/WHO Meetings on Pesticide Residues	JMPR

略語

章	正式名称	フルスペル	略語
第6章	食品添加物に関するFAO/WHO合同専門委員会	the Joint FAO/WHO Expert Committee on Food Additives	JECFA
	微生物のリスク評価に関するFAO/WHO合同専門家会議	the Joint FAO/WHO Expert Meeting on Microbiological Risk Assessment	JEMRA
	欧州食品安全機関	European Food Safety Authority	EFSA
	ドイツ連邦リスク評価研究所	Bundesinstituts für Risikobewertung	BfR
第7章	欧州連合	European Union	EU
	欧州食品安全機関	European Food Safety Authority	EFSA
	欧州連合委員会	the European Commission	EC
	栄養プロファイル	nutrient profiling	NP
第8章	栄養表示教育法	Nutrition Labeling and Education Act (of 1990)	NLEA
	補助食品健康教育法	Dietary Supplement Health and Education Act (of 1994)	DSHEA
	食品医薬品化粧品法	the (Federal) Food, Drug, and Cosmetic Act	FD&C法
	明確な科学的同意	Significant Scientific Agreement	SSA
	米国食品医薬品局	U.S. Food and Drug Administration	FDA
	疾病管理予防センター	Center for Disease Control and Prevention	CDC
	体格指数	Body Mass Index	BMI
第9章	特定保健用食品		特保またはトクホ
第10章	大韓民国		韓国
	中華人民共和国		中国
	東南アジア諸国連合	Association of South East Asian Nation	ASEAN
	ASEAN経済共同体	the ASEAN Economic Community	AEC
	伝統医薬品・健康補助食品作業部会	the ASEAN Traditional Medicines and Health Supplements Products Working Group	TMHS PWG
第11章	地理的表示	Geographical Indication	GI
	世界貿易機関	World Trade Organization	WTO
	知的所有権の貿易関連の側面に関する協定	Agreement on Trade-Related Aspects of Intellectual Property Rights	TRIPS
	産地規定はあるが品質規定のない原産地呼称	Appellation d'Origine	AO
	原産地呼称統制	Appellation d'Origine Contrôlée	AOC
	欧州連合	European Union	EU
	原産地名称統制	Appellation d'Origine Protégée	AOP
	世界知的所有権機関	World Intellectual Property Organisation	WIPO
	原産地呼称保護	Protected Designation of Origin	PDO
	地理的表示保護	Protected Geographical Indication	PGI
	伝統的特産品保証	Traditional Specialties Guaranteed	TSG
第12章	環太平洋パートナーシップ	Trans-Pacific Partnership	TPP
	オーストラリア		豪州
	ニュージーランド		NZ
	地域的な包括的経済連携	Regional Comprehensive Economic Partnership	RCEP
	補助食品健康教育法	Dietary Supplement Health and Education Act	DSHEA

索引

英数字
- 10 の科学パネル ………………… 58
- ASEAN ……………………… 134
- CXC ………………………… 30
- FAO/WHO 合同地域調整委員会 … 26
- FDA の栄養に関する取り組み …… 104
- GHP ………………………… 30
- GI マーク …………………… 157
- HACCP ……………………… 30
- Na/ 塩分 …………………… 46
- NP モデル …………………… 94
- QPS ………………………… 60
- QPS リスト ………………… 60
- SSA ………………………… 102
- TRIPS 協定 ………………… 150
- WHO 憲章 …………………… 38

あ
- 安全性適確推定 ………………… 60
- いわゆる「健康食品」に関する 19 の
  メッセージ ……………………… 162
- 栄養・健康強調表示 ………… 88, 96
- 栄養プロファイル ……………… 94
- 栄養補助食品 …………… 110, 168
- エリクシール・スルファニルアミド事件 … 66
- 欧州グリーン・ディール ………… 98

か
- 科学的根拠 ……………………… 8
- 環太平洋パートナーシップ …… 164
- 機能性表示食品 ………… 118, 126
- グローバル化 …………………… 6
- グローバル・サウス …………… 146
- 景品表示法 …………………… 128
- 研究レビュー …………………… 51
- 健康食品 ……………………… 130
- 健康補助食品 ………………… 138
- 原産地呼称 …………………… 148
- 原産地呼称統制 ……………… 148
- 公衆衛生 ……………………… 72

さ
- サプリメント ………………… 162
- サプライチェーン ……………… 70
- サリドマイド …………………… 76
- 自己タスク型活動 ……………… 56
- システマティックレビュー …… 51, 94
- 消費者委員会 …………………… 86

- 商標 …………………………… 154
- 食育 …………………………… 112
- 食中毒 ………………………… 70
- 食品安全委員会 ………………… 82
- 食品安全基本法 ………………… 78
- 食品表示法 …………………… 118
- 食品貿易 ……………………… 22
- 食品ロス ……………………… 4
- 食物連鎖 ……………………… 56
- 新時代のよりスマートな食品安全の
  青写真 …………………… 66, 74
- 世界知的所有権機関 ………… 150
- 世界保健憲章 ………………… 38
- セルフタスク …………………… 12

た
- 地理的表示 …………………… 148
- 適正製造規範 ………………… 106
- 特別用途食品 ………………… 118

な
- 日本人の食事摂取基準 ……… 120
- ノーベル平和賞 ………………… 2

は
- ハザード ……………………… 82
- ハーブ ………………………… 96
- バリュー・チェーン …………… 164
- ピアレビュー …………………… 58
- 副流煙 ………………………… 42
- フードチェーン …………… 16, 30
- フランシス・ケルシー …………… 76
- ペットフード安全法 …………… 70
- ヘルスクレーム ………………… 88
- 保健機能食品 ………………… 118

ま
- 明確な科学的同意 …………… 102
- メタアナリシス ………………… 94
- メタ解析 ……………………… 48

ら
- リスク管理 ……………………… 8
- リスクコミュニケーション ……… 8
- リスク評価 ……………………… 8

わ
- ワクチン ……………………… 72

■ 著 者

矢嶋 信浩（やじま　のぶひろ）

1951年東京生まれ．東北大学理学部生物学科修了．理学博士．2001年雪印ラビオ株式会社取締役開発研究所長，2003年カゴメ株式会社総合研究所プロバイオティクス研究部長（企業統合による転籍），「植物性乳酸菌ラブレ」開発時の技術責任者を勤めた．2011年より東京農業大学非常勤講師並びに客員教授を経て，現在は国立大学法人広島大学学術・社会連携室客員教授，メタゲノム株式会社代表取締役．専門は食品の安全性・機能性評価研究，常在細菌の健康貢献に関する研究など．著書に〈ステップアップ栄養・健康科学シリーズ〉『食品加工学』（化学同人），『味噌，しょうゆ，キムチ　植物性乳酸菌で腸内改革』（主婦の友新書）などがある．趣味はガーデニング．

■ イラスト

渡邉 美里（うさみみデザイン）

世界から読み解く　食の安全
インターナショナルフードアセスメントとは？

2024年9月20日　第1刷　発行

著　者　矢　嶋　信　浩

発行者　曽　根　良　介

発行所　（株）化学同人

〒600-8074 京都市下京区仏光寺通柳馬場西入ル
編集部　TEL 075-352-3711　FAX 075-352-0371
企画販売部　TEL 075-352-3373　FAX 075-351-8301
振　替　01010-7-5702
e-mail　webmaster@kagakudojin.co.jp
URL　https://www.kagakudojin.co.jp

印刷・製本　（株）シナノパブリッシングプレス

検印廃止

JCOPY　〈出版者著作権管理機構委託出版物〉

本書の無断複写は著作権法上での例外を除き禁じられています．複写される場合は，そのつど事前に，出版者著作権管理機構（電話 03-5244-5088，FAX 03-5244-5089，e-mail: info@jcopy.or.jp）の許諾を得てください．

本書のコピー，スキャン，デジタル化などの無断複製は著作権法上での例外を除き禁じられています．本書を代行業者などの第三者に依頼してスキャンやデジタル化することは，たとえ個人や家庭内の利用でも著作権法違反です．

Printed in Japan　©Nobuhiro Yajima 2024
無断転載・複製を禁ず
乱丁・落丁本は送料小社負担にてお取りかえします

ISBN978-4-7598-2374-5

本書のご感想を
お寄せください